図解

仕事の基本

社会人1年生大全

Business Beginners Encyclopedia

北條久美子

講談社

はじめに

さあ！　新生活のスタート。マナーが味方になってくれます

まだ見ぬ世界に飛び込むのは誰でも怖いものです。でも、例えばですが、泳げない人がプールの前でじっとプールを眺めていても、いつまでも泳げるようにはなれません。うまく泳げるようになるには、まずプールに入ること。その一歩を踏み出す勇気を！

成長するもしないも自分次第。内定はゴールではなくスタートです。これくらいでいいかと自分で限界を決めてしまうと、そこから大きく成

長するのは難しいもの。インプットを怠らず、自分の成長に責任を持ちましょう。

新入社員は”新しく入る“という字を書きます。新しく入る仲間を先輩や上司の方々は楽しみにしています。新しい風を吹き入れる大きな役割が皆さんにはあるのです。この本でたくさんのことを吸収して即、実践してみてください。

ビジネスパーソンになると、家族や友達の大切さや偉大さに気づくこともあると思います。仕事一筋、会社のことばかりになってしまわず、自分も周囲も大切にできる心のゆとりを持って邁《まい》進《しん》してください！

北條久美子

図解 仕事の基本 社会人1年生大全 目次

楽しい
会社人生を!

CHAPTER_01

社会人になるために

そもそも「社会人」とは？
「働く」ってどういうことなのか？
求められる心構え、社会人生活の基本とは。

社会人の
自覚❶

与えてもらう側から与える側へ

「社会人」とはそもそもどういう存在？

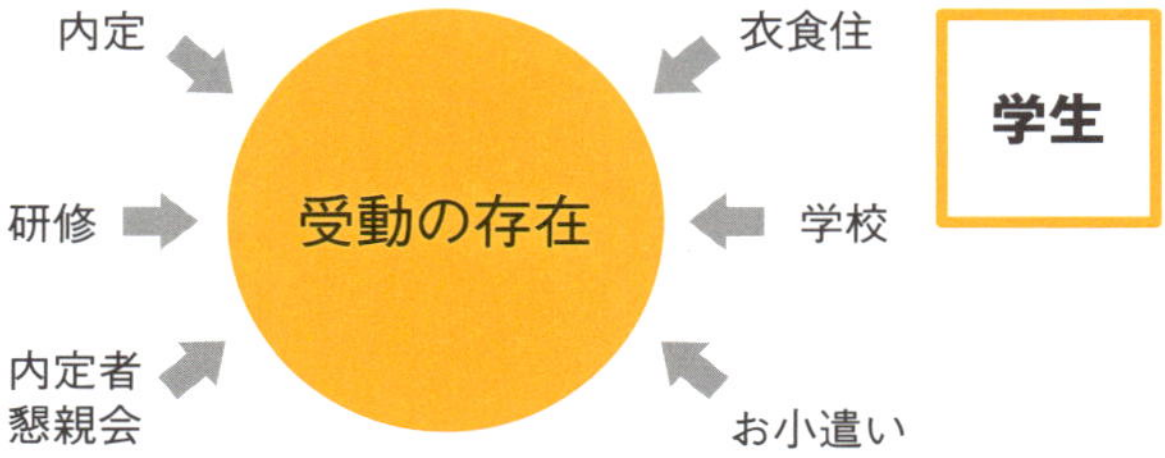

例
- 先生から教わる
- お小遣いをもらう
- 内定をもらう
- 内定者懇親会に招かれる

社会人になるまでの生活は、いわば育てて「もらっている」状態。学校の授業、家庭での「子供」という状態、就職活動でさえも、教わったり、決めてもらうことが前提でした。

↓

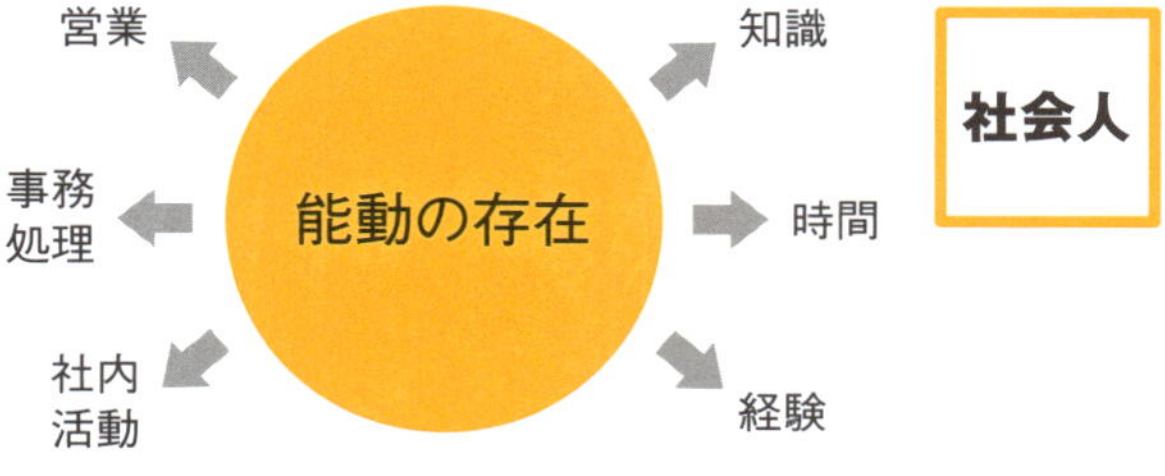

自分から動く

＝

働く

↓

対価として**お金**をもらう

「働く」という字は、「人が動く」と書きます。わからないことが多くても、自分で考え、自分から「動く」のが労働。「お金」という対価を得るためには能動的でいることが必要です。

CHECK 研修中からすでに「社会人」

✕ 学生気分が抜けない

ズルズルとお客さん気分でいると、自分で考えることをせずいつも指示待ちに。そういった態度は配属にも大きく関わってくる。

○ 社会人の自覚がある

社会人の自覚があれば、研修がいかに必要で、ありがたいものかがわかるはず。会社や仕事、常識について、能動的に学んでおこう。

入社はゴールではなく**スタート**です

自覚を持った行動が自分の未来を開く

「働く」ことの意味を知っていると、働くのは楽しく、やりがいを見出せます。「働く」とは自分を動かし、人・社会と関わり、時間や知恵などを使って、その対価としてお給料、つまりお金を得ることです。

何でも自分のペースでいられた学生時代とは違い、あなたはすでに社会の一員で、働く上での責任があります。社会人としての自覚を持ち、未来の自分を想像して動けば、周りの理解も得られ、配属先や将来が違ってきます。

CHAPTER_01

社会人の自覚❷

自分を**管理**する

体力、能力……自分を過信しない！

1 体調

暴飲暴食、徹夜……
若さでは補いきれない

健康管理は社会人一年生にとって、とても大切な仕事です。まだ経験が浅い新人は、元気でフレッシュ、体力があることが大きな「取り柄」となります。週末に遊びすぎて疲れが取れない、夜に飲みすぎて翌日に影響するなど、絶対ＮＧ！　自分を過信せず「明日」を意識し、規則正しい生活を心がけるのも仕事です。

2 時間

自分の意思はそうそう通らない。
初めのうちはそう思って

会社で働いている間は、自分の自由になる時間はほとんどない、という覚悟を。また、自分が好きな人とばかり一緒にいられるわけではないのも社会です。自由にはなりませんが、そこから得られるものは多いはず。また、少ない時間の中でも、勉強したり「自分を伸ばすための時間」を持てるといいですね。

3 お金

友だちづき合いに冠婚葬祭。お給料の「ご利用は計画的に」

社会人になりたての頃は、意外なほどお金がかかります。引っ越したり、身の回りのものを買い揃えたり、また、イベントやいろいろな集まりも多いはず。予定外の冠婚葬祭や保険の加入など、お金の使い方ががらりと変わります。

給料に関しては、会社が支払う「額面」の初任給「○○万円」という額と、税金などが引かれた「手取り」の額の違いに驚く人が多いものです（詳しくは次頁参照）。支出が安定するまでは、使った額をメモしておくなどして、自分のお金を管理していきましょう。

「明日」「未来」を考えた行動を！

給与明細の見方を知ろう

会社員であれば毎月もらうことになる「給与明細」。会社によって表記スタイルや手当などは違いますが、概ね下記の内容が一般的。特に初回は基本的な間違いがないか確認しましょう。残業など、働いた時間もしっかりチェックする習慣を。

					20XX年X月分	
(1)勤務	①出勤日数		公休日数	③有休日数	欠勤日数	(4)差引支給額
	21.0					308,905
	②超勤時間	深夜時間	遅早外時間			銀行振込額
	60					308,905
(2)支給	④基本給	管理職手当	夜勤手当			現金支給額
	230,000					
	⑤通勤手当	⑥住宅手当	⑦扶養手当	⑧超勤休日手当	その他	総支給額
	3,500	10,000		112,200		355,700
(3)控除	⑨健康保険料	介護保険料	⑩厚生年金料	⑪雇用保険料		非課税額
	13,000	0	22,716	1,589		3,500
	⑫所得税	⑬住民税	⑭財形	その他		控除額合計
	7,490	0	2,000	0		46,795

※この表は一例です

◆給与明細は大きく分けて4つのパートがある。

(1)**勤務（または勤怠）** → 出勤状況を示す。

(2)**支給** → 会社から支払われるお金。
給与以外にも、会社によってさまざまな手当が支払われる。

(3)**控除** → (2)の合計から差し引かれるお金。

(4)**差引支給額** → 実際に支払われるお金。

(1) 勤務（または勤怠）

①出勤日数・出勤時間　タイムカード等による、会社で働いた時間。
②超勤時間　残業や休日出勤など、定時以外に働いた時間。残業した場合は確認しよう。
③有休日数　その月に消化した有給休暇の日数。

(2) 支給

④基本給　ベースとなる給与金額。
⑤通勤手当　通勤に対して支払われるお金。
⑥住宅手当　会社が住宅費用を補助してくれる場合に支払われる。賃貸か持ち家か、家族はいるかなどによって金額は異なる。
⑦扶養手当　家族手当ともいう。配偶者や子供がいる社員に支払われる。
⑧超勤休日手当　残業や休日出勤をしたことに対して支払われる。

(3) 控除

⑨健康保険料　会社に入ると同時に、原則として会社が加入している健康保険組合に入ることになる。基本的に保険料は会社と社員で半分ずつ負担し、ここに記されているのは自己負担分の金額。
⑩厚生年金料　会社に入ると同時に、厚生年金に加入することになる。保険料はやはり会社と社員の折半で、自己負担分の金額が記される。
⑪雇用保険料　失業したときに生活を安定させるためにある保険。
⑫所得税　給与に応じて支払う税金。超勤休日手当も含めて計算されるので、毎月違う場合もある。年末調整（※）によって還付されることも。
⑬住民税　前年の所得に対して徴収される税金で、新社会人は2年目の6月から支払いが始まる。
⑭財形　「勤労者財産形成貯蓄制度」の略です。申し込むことで給与から自動的に積立貯金をすることができる。

※年末調整
毎月の所得税は概算で計算されており、1年間の所得や生活の事情などによって過不足額を調整する。そのため、年末までに「給与所得者の扶養控除等（異動）申告書」と「給与所得者の保険料控除申告書　兼　給与所得者の配偶者特別控除申告書」が配られたらすぐに記入して提出すること。このとき、個人で支払った生命保険料などの「保険料控除証明書」（保険会社から送られてくる）が必要。

「新社会人時代」をどう生きるか

「入ってやった」なんて気持ちは×！

CHECK

「新社会人」と呼ばれるのは
一生に一度だけ

↓

今、会社に貢献できるのは
フレッシュさ

例

元気で爽やかな挨拶

新人が来て元気よく挨拶することで、驚くほど活気が生まれます。実は何より重要な「仕事」。

てきぱきとした動作

若さを象徴する機敏な動き。前出にもあるように、「動く」ことは働くことの象徴です！

前向きな質問

「早く一人前になりたい」という想いが伝わります。ただし、同じことを複数回聞くのはNG。

いるだけでフレッシュ

新人は最初は仕事ができなくて当たり前。ですが、その様子に先輩は初心に返り、刺激を受けます。

期待されていない
新入社員はいません

NG行動 こんなところが見られている！

例

- エレベーターでの態度
- 暇さえあればスマホ
- 通勤中のふるまい
- 萎縮しすぎている
- 前のめりすぎて
  ガツガツしている

自分は知らなくても
相手は自分を**知っている**

↓

想像以上に**目立っている**
という自覚を！

新人の爽やかさは部署を活気づける

新社会人の入社間もない時期は、二度と戻れない真っさらな時代です。元気のよさや、気持ちのいい挨拶は未来を感じさせ、実は部署全体を活気づけています。何でもストレートに質問できるのも、この時期だけですから、どんどん聞いて吸収しましょう。

「何もできないから」と控えめすぎるのもよくありませんが、空気を全く読まない質問や同じ質問・発言の繰り返しもＮＧ。謙虚かつ元気がいい新人こそが、多くの人に可愛がられるのです。

入社前の心構え❷

バランスよく成長していくために

やりがいを見つけよう

やりがいとは

「WILL」（やりたいこと）
「CAN」（できること）
「MUST」（やらねばならないこと）

の重なりと考えよう

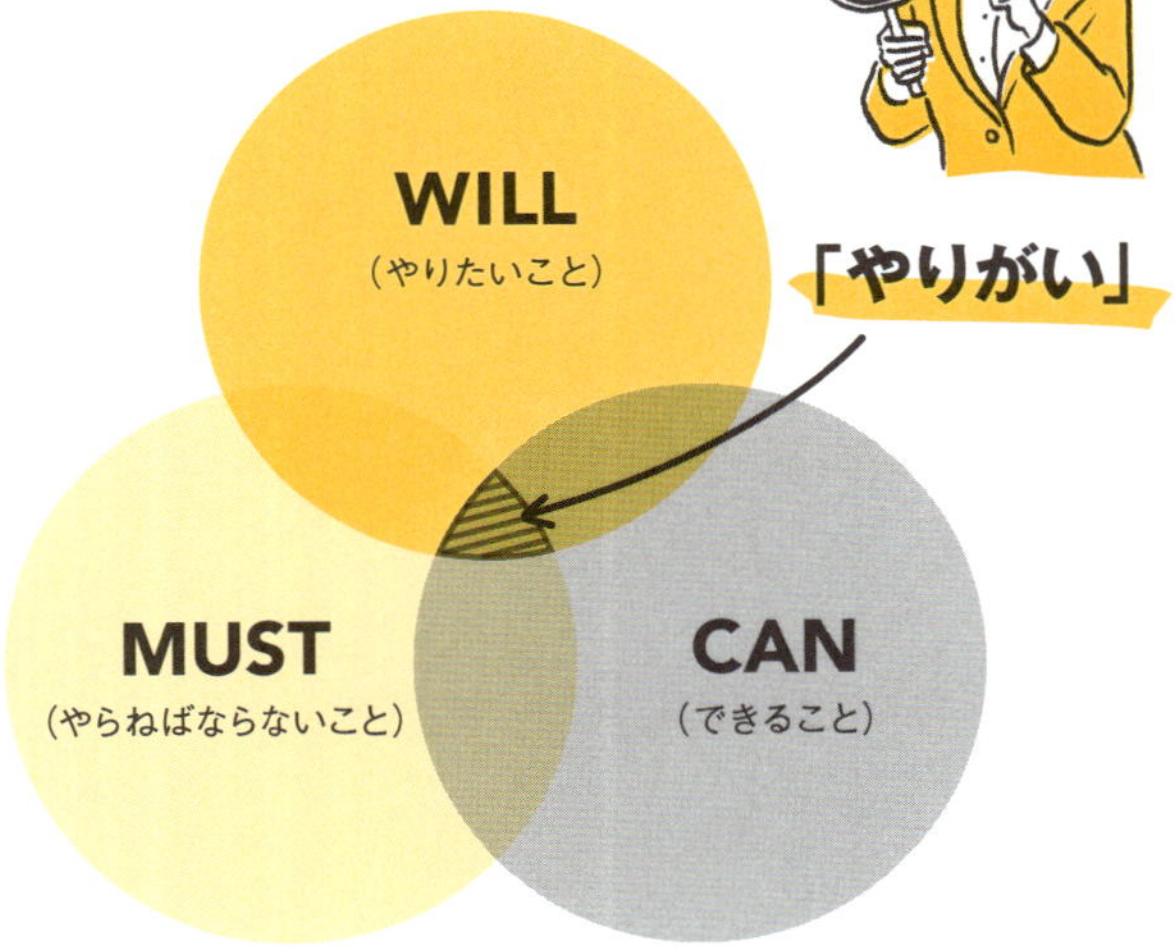

仕事が楽しくできるように自分の状況を認識しよう

仕事に「やりがい」を見つけられれば楽しんで働くことができます。やりがいとは、「WILL（やりたいこと）」「CAN（できること）」「MUST（やらねばならないこと）」の重なり。最初はMUSTもCANも小さくて重なりが見出せないかもしれませんが、少しずつ大きくして「やりがい」を増やしていきましょう。

新人

入社直後は「WILL」だけが大きい

→やりたいことが
満ち溢れている状態

WILLはそもそも、意志や願望という意味。希望に溢れた新人はまだできることが少ないので、やらねばならないことも少ない状態だが、バランスよく成長していけば重なる部分が増えていく。

入社数年後

慣れてくると「MUST」だけが大きく

→日々、目の前の仕事に
追われている状態

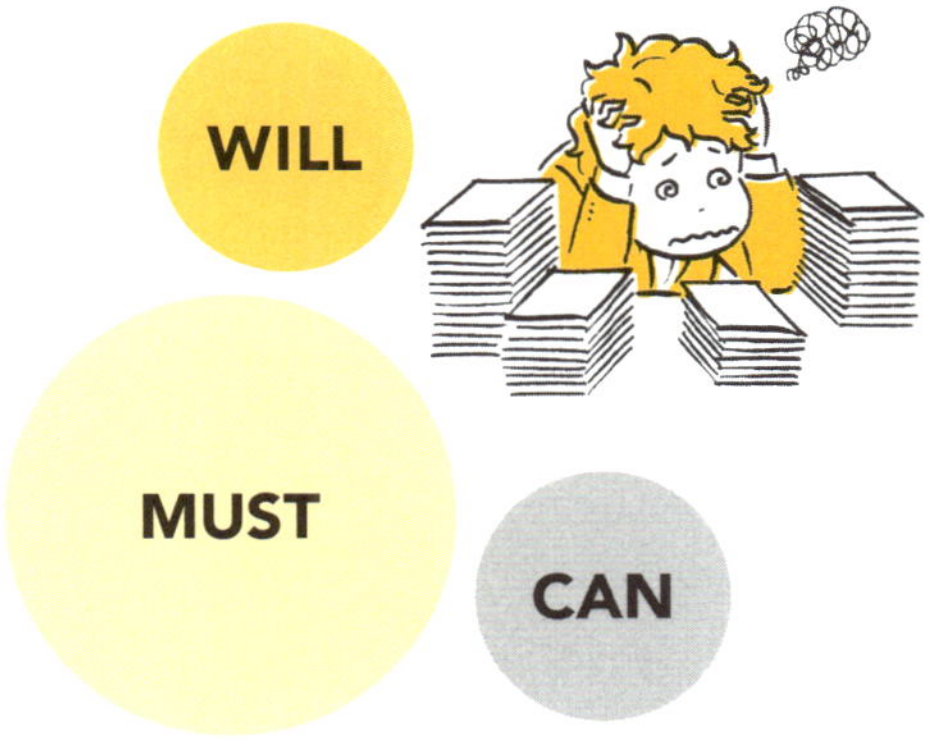

忙しいのはMUSTが急激に増えたから。できることを増やし、少しずつでも将来の夢も描ける余裕を持てば、やりがいを見出すことができるはず。

POINT

- CANとWILLがバランスよく成長できるのがベスト。
仕事が楽しく、広がっていくはず。
- ときどき立ち止まって3つのバランスを振り返り、
社会人としてのやりがいを感じよう。
- おきざりにされがちなWILL。
少しずつでも周りに伝えて実現していこう。

CHAPTER_01

入社前の心構え③

世代間ギャップをどう埋めるか

考え方が違うのは当たり前!?

新人世代はこう見られがち

自己表現は得意
ツイッターなどのSNSで発信しなれているので、自分の見せ方は熟知。

デジタルネイティブ
生まれたときからパソコンやスマホがあり、わからないことはまず検索。

向上心がない
無気力で「どうせ……」と思いがち。「さとり世代」とも呼ばれる。

基本的に受け身姿勢
基本的に省エネモード。アグレッシブさより指示に忠実に動く。

車や旅行に興味がない
基本的に「浪費は悪」だと思っていて、大きな買い物に興味なし！

自分たちの世代を客観視してみる

上司世代は、新社会人の世代をどう見ているのでしょう。「違うよ」と思うところもあるかもしれませんが、世代間のギャップは少なからずあるもの。上司たちが持っている「若者像」を知っておくといいかもしれません。同世代とばかり接していた学生時代には当たり前だったことが、実は他の世代では違うことも多々あるのです。

上司世代［50代〜］はこういう人が多い

アツいことが好き

主張しないと勝ち上がれなかった時代、情熱のすべてを仕事に注ぐ。

メールより口頭

仕事でメールは使うが、大事なことは口頭で伝えるべき、という考え。

上の言うことは絶対

かつては今以上に「年上」「上司」は絶対的存在。敬意を求めている。

自己表現は苦手

自分と会社がとても近い。個人をアピールする機会はあまりなかった。

飲むことで一体感

飲むコミュニケーションが主流だった世代。ストレス発散もお酒で。

POINT ジェネレーションギャップを埋めるのは

コミュニケーション！

- 積極的にランチをしたり、お酒を飲んだり。会話をしてお互いを知ろう。
- メールで済むことも、まずは口頭で言葉を添える。
- 「年長者を敬う」という態度は忘れず、敬意を払う。

入社前の心構え❹

折れない心を作る

上手に失敗して成長していこう

ひと昔前

心が**くじける**

↓

現代

心が**折れる**

CHECK

失敗していいのは新社会人の**特権**

（ただし、頑張ったときの失敗のみ）

折れずに「しなる」強い心を作る

「心が折れる」は、最近できた言葉。折れた心は戻すのに時間がかかり、会社を辞めてしまう人もいます。そこで大切なのは、ダメージがあっても折れずにしなる「折れない心」。失敗は誰にでもあるものですし、新人は必ず失敗します。怒られるのも、落ち込むのも当然です。失敗をうまく乗り越えて、心を鍛えていきましょう。

CHECK 筋トレの「超回復」をイメージして少しずつ**社会人筋力**をつけよう！

「超回復」とは……

筋肉は破壊と修復を繰り返すことで増え、身についていく。
筋トレにおいて負荷を少しずつ大きくしては休養を取り、
筋力向上を図ることをいう。

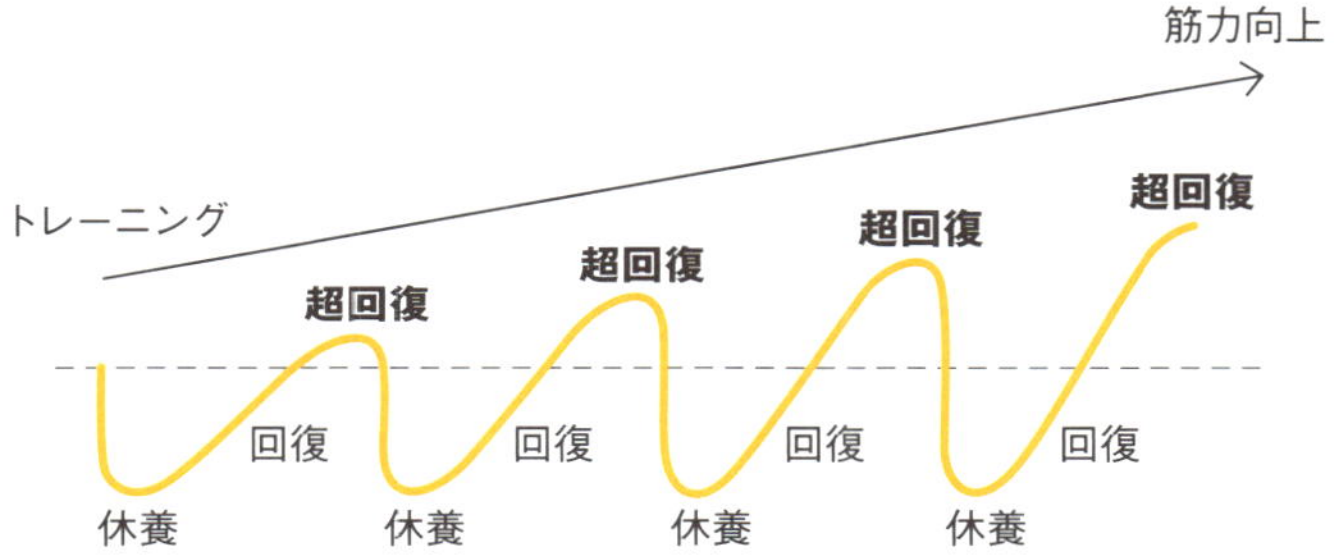

- ☑ 人は失敗するごとに成長できる
- ☑ 自分で限界を決めずに「もう一歩」、と前に進む

※「新人だから失敗してもいい」という開き直りは絶対ダメ

失敗して落ち込んでしまったら……

「吐き出し」と「相談」

友人
家族

先輩
同期

人事担当
OJT

不安や悩みは**ため込まない！**

※OJT……「オン・ザ・ジョブ・トレーニング」の略。新人の指導係。

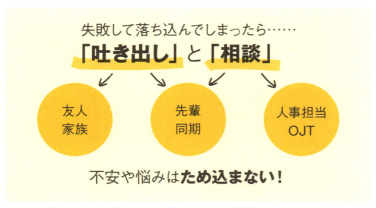

社会人基礎力をつけよう

社会人基礎力とは、「職場や地域社会で多様な人々と仕事をしていくために必要な基礎的な力」のこと。2006年に経済産業省が定義づけました。大きく分けて3つの力をバランスよく身につけることが、一人前の社会人になるための第一歩です。

ACTION 前に踏み出す力 ＝ アクション

- **主体性** 物事に進んで取り組む力
- **働きかけ力** 他人に働きかけ巻き込む力
- **実行力** 目的を設定し確実に行動する力

THINKING 考え抜く力 ＝ シンキング

- **課題発見力** 現状を分析し目的や課題を明らかにする力
- **計画力** 課題の解決に向けたプロセスを明らかにし準備する力
- **創造力** 新しい価値を生み出す力

TEAMWORK チームで働く力 ＝ チームワーク

- **発信力** 自分の意見をわかりやすく伝える力
- **傾聴力** 相手の意見を丁寧に聴く力
- **柔軟性** 意見の違いや立場の違いを理解する力
- **状況把握力** 自分と周囲の人々や物事との関係性を理解する力
- **規律性** 社会のルールや人との約束を守る力
- **ストレスコントロール力** ストレスの発生源に対応する力

CHAPTER_02

社会人らしい身だしなみ

人は見た目から多くの情報を得るもの。
会社の先輩にも取引先にも
好印象を与える「身だしなみ」とは？

身だしなみってそもそも何？

何を着るかより**どう着るか**

おしゃれより身だしなみ。
それが仕事の武器になる！

人は見た目から多くの情報を得ます。特に仕事では、見た目を整えることで、自分が信頼に足る存在であることをアピールすることができるのです。学生気分で砕けた身なりをしていると、それなりの人物としか見られませんし、同期全体の印象も悪くなりかねません。新人のうちはおしゃれよりも身だしなみ、と肝に銘じましょう。

CHECK

身だしなみとは？ 基本の3ヵ条

1 何を着るかよりどう着るか

いくら高級な衣類を身に着けていても、不潔だったりすれば台無し。安くても機能的な衣類を選び、よく手入れをして、姿勢よく着こなそう。

2 身だしなみは人のため

おしゃれは自分のためだが、身だしなみは“人のため”に整えるもの。相手に安心感や信頼感を与えられるような服装や見た目を心がけて。

3 “第一印象”は一度だけ

第一印象で抱いたその人のイメージはそうそう変えられない。しかも、第一印象は二度と巡ってこないのだから、いつでもいい印象を！

基本スタイル

身だしなみを整えることは社会人としての“武器”！

シャツ

基本は無地で白。クリーニングに出すか、アイロンをしっかりかける。ボタンダウンはカジュアルすぎる。

スーツ

連日同じものを着ずに、1日でもあけて。脱いだらすぐにハンガーに掛け、消臭スプレーなども活用しよう。

そで口

シャツの中でいちばん汚れやすく、すり切れることもある。意外と目立つので注意したい。

ボタン

いちばん下のボタンは留めないこと。また、座ったときはすべてのボタンを外してOK。

センタープレス

ズボンの中心の折り目、センタープレスをくっきり見せると、きちんとした印象になる。

ベルト

デザイン性の高いバックルではない、幅が3～4㎝のシンプルなデザインを選ぼう。色は靴と同じがベスト。

靴下

スーツと同系色が理想で白はNG。くるぶしが出る長さも避ける。穴やすれて薄くなっている部分がないか注意。

靴

黒か濃い茶色がベスト。できれば、2足以上用意し、1日はいたら休ませるのが理想。

まずは2〜3着を着回せばOK!

スーツは**紺とグレー**があればいい

社会人ファッションは
スーツ2着からスタート!

入社前は何かとお金がかかるけれど、最たるものが衣類。特に男性は今までとは違うファッションを揃えなければなりません。まずは紺とグレーのスーツ2着と白いシャツからスタートし、少しずつ増やしていきましょう。着回しがきき、悪目立ちしないものだけでOK! 突発的な支出がある時期ですから、まずはここから。

CHECK 入社までに**これだけは揃えたい**

☑ **スーツ** 2〜3着
濃いめの紺とグレーがあれば着回せる。デザインはシンプルなほうがよい。まずは無地を用意しよう。

☑ **シャツ** 3枚
汗っかきの人、まめに洗濯できない人なら多めに購入。まずは白のシンプルなデザインから揃えよう。

☑ **ネクタイ** 3本
スーツのデザイン、顔、体型によっても印象が変わるのでスーツと一緒に売場の人の意見も聞いて。

☑ **靴下** 4足
学生時代にはいていたものとは別物と考えて。長さがあり、スーツに合わせた紺やグレーのものを。

☑ **靴** 2足
連続ではくと傷みやすいので、2足以上用意。茶と黒があればベスト。先の尖ったデザインなどはNG。

☑ **アンダーシャツ** 4〜5枚
安いものでいいので多く持ちたい。シャツから透けて見えないよう、白の無地でタンクトップか半袖を。

スーツ

✕ 黒は普段はNG

黒は礼服としてだけ着用する。ただし、いつ必要になるかわからないので、早めに買っておくと安心。

○ 紺とグレーがベスト

着回しがきき、悪目立ちしない紺とグレーの無地。ストライプなどは2年目以降に取り入れていこう。

シャツ

△ ネクタイをしないなら ボタンダウンがおすすめ

ボタンダウンシャツのときはネクタイを締めないのがセオリー。ノーネクタイの会社なら取り入れてOK。

○ 白か薄いブルーの無地が無難

基本的には白で、ときどきは薄いブルーもあり。どちらも誠実で正直なイメージを与える色でもある。

“クールビズ”はどうする?

会社それぞれで違う。ルールを確認して

取り組み方は会社によって違うので先輩に話を聞いて。社内ではシャツだけでよくても、取引先ではジャケットとネクタイが必要となるケースが多い。

ネクタイ

○ 3本買うなら 無地・ドット・ストライプ

最初に買う3本はシンプルな柄物も加えてみよう。同じスーツでも表情を変えて着回せる。

フレッシュさが新人の仕事

最優先すべきは清潔感

ただ「清潔」でいるだけで印象はよくなるもの

清潔感というのはそれだけで誠実な印象を与えます。毎日夜か朝には必ずシャワーを浴びて体と頭を清め、自分では気づきにくい不潔感や体臭を防ぎましょう。また、髪、爪や鼻毛など、伸びるものはすべて定期的にお手入れを。男性は無頓着になりがちですが、肌や眉毛のお手入れも、少しずつしていれば清潔な印象になります。

CHECK 身だしなみは**誠実さ**

髪

長すぎ、染めすぎは×。寝ぐせは整えてから出社しよう。定期的なカットも忘れずに。

肌

テカりやすい人は、まめに拭いてすっきりと。伸び放題の眉毛や鼻毛は切って整えよう。

ひげ

毎日しっかり剃って、清潔感を出す。伸びるのが早い場合は会社に電動カミソリを常備。

メガネ

せっかく目を合わせて話していても、メガネのレンズが汚れていては清潔感ゼロ。

爪

伸びているのは不潔さにつながる。資料を使って説明する職種の人は、こまめにカットを。

香り

香水をつけるのはNGだが、体臭が強すぎるのはマナー違反。清潔にしていれば大丈夫。

スーツが必須でない職場の

ビジネスカジュアル

職種によっては、スーツが必須ではなく、ノーネクタイで構わないという会社もあります。ただ、修業中の身でもある新入社員という立場で、あまりおしゃれに精を出しすぎるのは疑問。わきまえたカジュアルを楽しみましょう。

シャツ

無地でも真っ白ではなくて生成り、薄い水色などを。濃い色の細いラインが入ったデザインや、パステルのギンガムチェックも新人らしい。ボタンダウンシャツもOK。

ジャケット

不要といわれても、着ているときちんとした印象。自分に似合う色・デザインの中から選んで着こなそう。

ベルト

トップスとズボンの色が違う場合はズボンに合わせるとよい。あまりブランドのロゴが目立つものは避けよう。

ズボン

デニムは避け、チノパンなどのコットンパンツを。くるぶしの出るクロップドパンツはビジネス向きではない。

靴

靴とかばんのニュアンスを合わせるのがおすすめ。ちょっと高価で個性的なものを取り入れてもいいアイテム。

あくまでも「**職場**」という意識を**忘れない**

おしゃれは一人前になってから

迷ったらやらないに限ります

一人前になるまでは控えめなおしゃれに留めて

新人とはいえおしゃれをしたいという人は多いはず。でも、まだ仕事が一人前ではない新入社員の場合、「身なりにばかりかまっている」という印象になりかねません。もし、先輩が髪を明るい茶色に染めていても、まだ半人前の新人時代は黒い髪で控えめに。シンプルで新人らしいファッションの中でのおしゃれを楽しんで。

CHECK

女性のおしゃれ、どこまでOK？

メイク（P.36）
派手すぎるのもすっぴんも×。ナチュラルメイクを心がけよう。

ヘアスタイル（P.36）
個性的すぎると悪目立ちしてしまう。清潔感のあるスタイルに。

ネイル（P.39）
手入れが行き届いた自然な美しさを。塗るなら透明感を重視して。

ヘアカラー
社風にもよるが、1年目は黒かダークブラウンまでに留めておこう。

まつ毛エクステ
しないのが無難。どうしてもしたい場合は、自然に見える量に。

アクセサリー（P.39）
チェーンは細く、石つきなら小ぶりで、楚《そ》々《そ》としたデザインを選ぶ。

先輩がやっていても迷ったらやめる

基本スタイル

おしゃれに凝るのは 一人前になってから

コート

春秋用と冬用を月意。冬用はウールでやや長めのものを（カジュアルなダウンは×）。ベージュやグレーなど、着回しのきく色を。

シャツ

襟ぐりがあきすぎていないものを選ぶ。白無地は新人らしい印象。生成りや、シンプルなカットソーでも◎。

ストッキング

素足、タイツはビジネスシーンではNG。黒いストッキングも避けたい。ナチュラルカラーのストッキングを。

シルエット

スーツはサイズ感がカギ。体にちょうどよくフィットしたものを選び、ボディラインが出すぎないように注意。

スーツ

新入社員は男性同様、スーツを着るのが基本。紺やグレーは誠実な印象。ベージュは優しいイメージを与えられる。パンツでもスカートでもOKだが、組み合わせを替えて着られるものを買っておくのがおすすめ。

スカート

座ったときに膝が隠れる長さが基準。スリットの深さにも気をつけて。体型に合ったものを選ぶことが基本。

靴 （P.38）

形やヒールの高さのほか、歩きやすさも仕事には大事。足に合って、痛くならず、走ることもできる靴を選ぶ。

新人にふさわしいヘア&メイク

控えめと地味は違います

派手すぎも地味すぎも避けましょう

自由に変えられるのは女性ならではの楽しみ！

ヘア&メイクは自分の好みで雰囲気を変えられます。でも社会人として「好み」だけでいいのでしょうか？　雰囲気を変えるだけで、信頼を得たり、人間関係がうまくいくのなら、ぜひ取り入れてみたいもの。ありがちな失敗は「地味すぎ」。すっぴんもマナー違反です。個性的なヘア&メイクを好む人は、休日に楽しみましょう。

CHECK 新人に大切なのは……

清潔感

清潔感＝身だしなみをきちんと整えられる。仕事もきちんとできそうなイメージに。

健康的なこと

健康的で明るいイメージは、元気によく動く印象につながり、仕事を任せたくなる。

↓

信頼感につながる

メイクなどの見た目だけで判断されるわけではないが、印象づけられるのは事実。ビジネスシーンにおいてどんな自分を演出したいか考えてみよう。

地味すぎNG

「疲れた?」と心配されることも

すっぴんや無造作な髪型の人の言い分は「ナチュラル」「仕事ひと筋だから」……実際は手抜きと思われることも。顔色も悪く見えるので、気遣われてしまったり。不健康に思われるのはデメリットですし、だらしのない印象にもつながる。

ゴムで結んだだけは幼い印象に

邪魔な髪を結んでいるだけだと、「寝坊したのでは？」「細かいところに目が行き届かない」印象に。

完全なすっぴんは顔色も悪くマナー違反

マナーとしてカジュアルすぎ。ニキビやクマを隠すくらいはして、血色のいいメイクを心がけよう。

派手すぎNG

遊びを優先させるイメージに

可愛く見せたいと思っても、ビジネススーツに華美なヘア＆メイクは似合わない。仕事より遊びが大事で、いざというときに放り出すのでは!?　と思われそう。先輩がしていても、せめて1年目は控えめにするのがベター。

明るく染めすぎた髪は新人にはそぐわない

ビジネススーツに明るい髪色は似合わない。こりすぎた髪型も「そんな時間があったら……」と思われがち。

学生ノリのメイクは卒業しよう

周囲から信頼を得たいなら、落ち着いたメイクに。新人時代は個性より信頼感のほうが大切。

フットワークはいつでも軽く！

「働きやすい」がいちばん重要

そのファッション、仕事の邪魔してない？

おしゃれに制約があるのは、見た目の問題だけではありません。フットワークが命の新人が、ヒールが高くて物を運べず、先輩に手伝ってもらったりしては本末転倒。就業時間内は、先輩の指示に応えられるよう、盤石の態勢でいたいものです。新人のうちは身だしなみを考えるとき「働きやすいか？」を基準にしてみましょう。

靴

ブランド物よりも よく手入れした一足を

よく磨かれた、ヒールが3～5㎝高さのパンプスがベスト。とっさに動けない高すぎるヒールはNGです。カジュアルすぎるのもビジネスシーンにはそぐわない。高いヒールでカツカツ歩くのは、キャリアを積んでから。新人のうちだと生意気そうなイメージにも。

- ☑ ヒールは3～5㎝
- ☑ サンダル、カジュアルなブーツはNG
- ☑ 歩きやすさ重視
- ☑ カツカツ音がする靴はやめる
- ☑ 華美すぎるデザインは避ける

アクセサリー（ピアス、イヤリング、ネックレス、リング、ブレスレット、ヘアアクセサリー）

邪魔なアクセサリーは仕事中は外しておこう

華やかなアクセサリーを着けていると仕事に集中していないように見えるだけでなく、仕事の邪魔になることも。例えば、電話のときに受話器に当たるイヤリングや、メモをとるときにカチカチぶつかるブレスレットはオフィス向きではありません。

- ☑ あくまでも控えめに
- ☑ 業務の邪魔になるものはしない
- ☑ すっきりしたデザインと色のものに

ネイル・香水

新人は仕事以外のことで注目を集めないのが正解

パソコンのキーボードが打ちにくいような爪は当然切るべき。突然のお悔やみに行かれないような派手な色やアートは避け、短く整えておこう。相手と距離の近い打ち合わせや、同じオフィスにいる人が辟易《へきえき》するほど香水をプンプンさせるようなことも当然避けたい。

- ☑ どちらも最初はしないのが無難
- ☑ 先輩を参考に、空気を読んで
- ☑ 主張の強いネイルや長い爪はNG

スマートに仕事道具を持つ

男女とも、ファッション性より機能性！

CHECK ビジネスバッグの選び方

1 Ａ４サイズがスムーズに出し入れできる

現在はほとんどの書類がＡ４。「入る」だけでなく、スムーズな出し入れができる間口の広いバッグをチョイス。

2 バッグだけで自立する

ビジネスシーンで、バッグは床に置くのが正しいマナー。置いたときに倒れない、自立するタイプを選ぼう。

3 中が見えないよう、ふたやファスナーがある

乱雑な中身や、荷物が飛び出しているのを隠してくれる。ただ、見られてもいいように整理は怠らないように。

4 男性は黒が無難、女性は華美すぎないものを

男性は黒の革製かナイロン製。女性用はデザインが豊富だが、ビジネスシーンで使いやすいかどうかを考えて。

使いやすいバッグは中身も整理しやすい

仕事中の相棒になってくれるのがビジネスバッグ。基本はＡ４がすっぽり入るもの。出し入れがしにくいと、中がごちゃごちゃする原因になります。また、毎日使うものだから汚れが目立たないことも大切。男性なら黒、女性はファッションに合わせつつ、汚れがないか日々注意しましょう。防水スプレーを施すなどの予防策を。

ビジネスバッグの中身

“万が一”に備えて抜かりなく！

名刺入れ (P.42)

絶対に忘れてはいけない名刺入れ。安いものを複数買って各バッグに入れても。

ハンカチ・ティッシュ

不測の事態に備え、ハンカチは2枚。ティッシュも人に渡せるくらいは持ちたい。

筆記用具 (P.43)

携帯電話

ビジネスに欠かせない存在。探さなくていいようバッグの中に定位置を決めて。

ノート

仕事のメモ用や勉強用など。外で時間が空いたときに使えるように持ち歩こう。

手帳 (P.42)

常備薬・絆創膏

自分の体調を知り、必要な薬があれば持ち歩く。急な怪我に備えた絆創膏も。

ソーイングセット・しみ抜き

しみがついていたり、ボタンがとれたままなのはマナー違反。対応できるグッズを携帯しておこう。

リュック

男性の場合、シンプルなデザインのビジネス用リュックもOK。

リップクリーム・ハンドクリーム

男性でも乾燥などが気になるなら、携帯しておくと便利。

CHAPTER_02

ビジネス小物❷

必ず目につくものだから

ビジネス小物"三種の神器"はいいものを

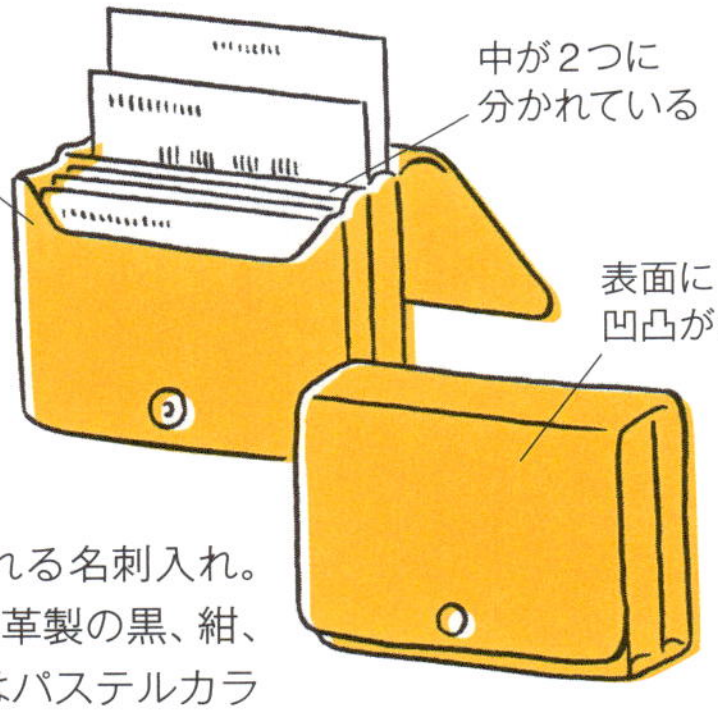

黒、紺、
茶色が無難
中が2つに
分かれている
表面に
凹凸がない

名刺入れ

初対面で必ず見られる名刺入れ。ブランド物は避け、革製の黒、紺、茶色が無難。女性はパステルカラーでもOKだが装飾は控えめに。

プライベートなものを
入れすぎない
やはり黒、紺、
茶色が無難

手帳

名刺入れと同様にシンプルなデザインを。ついいろいろ挟んでしまうが、こまめに整理して、パンパンにならないようにしよう。

相手の目につく
ビジネスグッズは吟味して

ビジネスで必ず相手に見られるのが名刺入れ。絶対に忘れず、すぐ出せるように持ち歩きましょう。内部が2つに分かれているものは、いただいた名刺と自分の名刺を分けられて便利。最近はスケジュールをスマホで管理することも増えましたが、目上の人の前では手帳がスマート。メモにも使えるので、両方使う人が増えています。

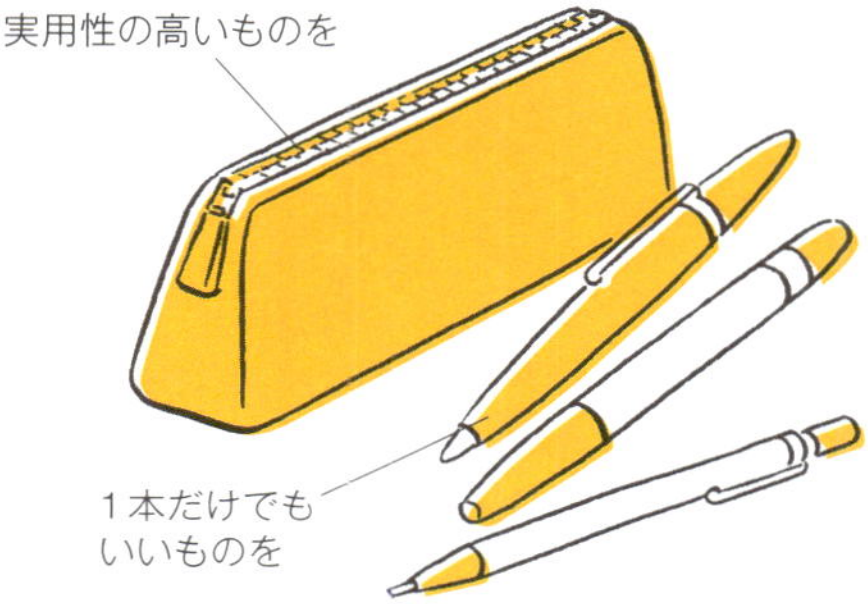
実用性の高いものを
1本だけでも
いいものを

筆記用具

学生時代のペンケースは卒業。実用性の高いケースに、最低限、黒と赤のペンを。1本だけいいペンを常備し、ここぞというときに使おう。

持ち物で評価・判断されてしまうこともある

意外と見られている

NG小物

キャラクターもの

好きなキャラがあってもビジネスでは御法度。一人前に見られたければ、仕事中は卒業。

可愛すぎるスマホケース

あまりに奇抜なデザインは仲間内にはウケてもビジネスシーンにはふさわしくない。

高すぎる、またはカジュアルすぎる時計

ひと目見て取引先や上司より高級な時計や、逆にキャラものなどのカジュアルな時計はそぐわない。

使いこみすぎたヨレヨレの財布

使い続けた財布は卒業し、きちんと上質な革を使った財布を手入れしながら使おう。

ビジネス小物③

いざというときあってよかった!

使えるレスキューグッズ5

1 折り畳み傘

突然の雨に備えて。大切なスーツを濡らさずに済む。スーツに合う色や柄がおすすめ。

2 歯磨きセット

ランチ後や口臭が気になるときに。疲れて眠たいときなどに歯を磨くと気分がスッキリ。

3 制汗剤

夏、においが気になるときに使う。香料が逆に迷惑になることもあるので無香のものを。

4 ストッキング（女性）

伝線したときのために、予備は会社に置いておこう。バッグに入れておいてもいい。

5 爪切り

爪が伸びていたときだけでなく、ささくれなどにも。ただし､人目につかない場所で使おう。

自分の「レスキュー」グッズをロッカーに常備する

ロッカーには、いざというときに必要なグッズを入れておきます。ここに挙げたもののほか、自分がしがちなミスや仕事上起きやすい突発的な出来事を予想して、スマートに対応できるよう備えましょう。例えば持病の薬や食べこぼしが多いならしみ抜きなど。お悔やみに行くことが多い部署なら喪服を入れておくといいですね。

CHAPTER_03

社会人マナーの基本

社会人生活に必要なものを揃えるのと
同時に、頭に入れておきたい、マナーの
基礎の基礎。初日から差をつけたい！

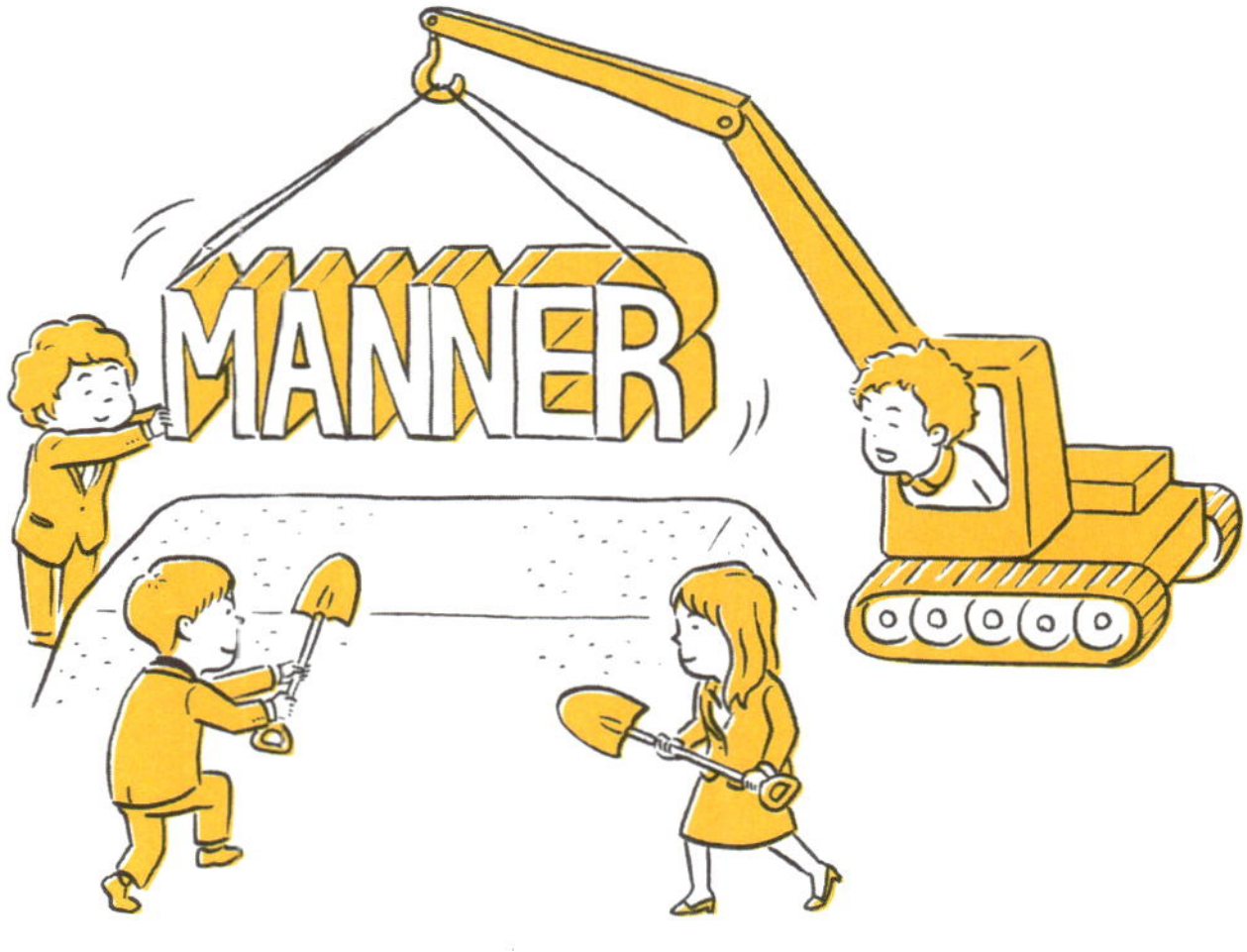

基本の挨拶①

「たかが挨拶」とあなどらない！

爽やかな挨拶は新人にできる最高の仕事

入社してすぐの新人だからこそできる“仕事”

↓

爽やかで**元気**な挨拶

- 先輩を元気にする
- 存在感をアピールする
- 自分の状態を伝える
- 返事で先輩の状況がわかる

元気でやる気に満ちた挨拶が空気を爽やかにする

新人にまずできる仕事は「挨拶」。本人は自覚がないと思いますが、新人のフレッシュな挨拶には会社や部署の空気を変える力があります。挨拶は先手必勝。先輩に会ったらすぐに元気よく挨拶をする、それも立派に役に立つのです。さらに自分のやる気を周りにアピールでき、同時に先輩のその日のコンディションもわかります。

CHECK

爽やかな挨拶のコツ

☑ 挨拶は先手必勝

どこへ行っても誰が相手でも、先に挨拶をして損はない。特に新人は、仕事に集中していても挨拶だけは別。

☑ おへそを向けて、目を見る

挨拶するときは、目を見るだけではなく体ごと向けると好印象。おへそを向けるように意識するといい。

☑ 空気を読むが、読みすぎない

ちょっと沈んだ雰囲気でも、新人の“空気を読まない”元気さで変えることができる場合もある。

☑ 笑顔でハキハキと

いくら挨拶をしても笑顔と元気さがなければ台無し。口角を上げ、自分の元気さ、やる気を先輩たちに伝えよう。

感じが悪い!?

NG挨拶

- ✕ パソコンから目を離さない
- ✕ 相手の状況を無視
- ✕ 何かをし“ながら挨拶”
- ✕ 笑顔ではなくニヤニヤ

ひと言添えたい好印象フレーズ

先輩との距離が縮まる

挨拶は**心を開く**カギ

↓

もっと**距離を縮める**には

↓

ひと言添えると違う！

＋ 気遣い、思いやり

＋ 感謝の気持ち

＋ 念のための報告

＋ ちょっとした世間話

プラスのひと言で人間関係が円滑になる

もっと挨拶上手になるには、挨拶だけで終わらせず、ひと言添えてみましょう。目的のひとつは、そこから会話が始まってコミュニケーションが深まること。さらに、あなたの気遣いや思いやりが伝わります。また、挨拶前に起きたことを報告することで、業務もスムーズに。「ここの新人はいいね！」と部署自体の評判も上がります。

CHECK 挨拶に添える**好印象フレーズ**

シーン1　出社してきた先輩に……

おはようございます

＋「昨日は遅かったんですか？」

＋「風邪っぽいとおっしゃっていましたが大丈夫ですか？」

気遣いの言葉だけでなく「今日も頑張ります！」といったやる気を見せるのも朝の挨拶向き。

シーン2　会社に戻ったときに……

ただ今戻りました

＋「○○さんがよろしくとのことでした」

＋「初めてOKをいただきました！」

特に最初は先輩たちも心配しているはず。内容の良し悪しにかかわらず、報告をしよう。

シーン3　帰社した先輩に……

お帰りなさい。お疲れ様です

＋「コピーしておきました」

＋「今日の暑さはすごいですね」

先輩の不在中にあったことの連絡や報告をする。電話メモを置いたことなどもこのときに。

「ご苦労様」は目上の人が使う言葉なので、
絶対に**NG！**

シーン4「お先に失礼します」の前には……

何かお手伝いすることはありませんか？

自分のやることが終わったらすぐ帰るのではなく、できることが何かないか声をかけよう。先輩も「帰っていいよ」と言いやすい。

いちばん口にする言葉だから

「はい」の達人になる

CHECK シンプルだから極めたい「はい」のコツ

☑ **相手におへそを向けて、目を見る**

挨拶と同様で、返事も目を見るだけではなく体ごと向けると印象がいい。口だけではなく、心から納得しての「はい」であることを伝えよう。

☑ **トーンは相手に合わせる**

返事は笑顔ならいいというわけではない。相手が怒っていれば神妙に、相手がすごく喜んでいればいつも以上の笑顔を、と相手に合わせるのが正解。

☑ **メモをとることに夢中にならない**

「はい」と返事をしながらも、メモから目を離さないと相手は不安になる。ときどきはしっかりと相手の目を見て、聞いていることをアピール。

上手な「はい」で
“ちゃんと聞いている”
ことを相手に示す

NG あいづち　知らずに口にしているかも!?

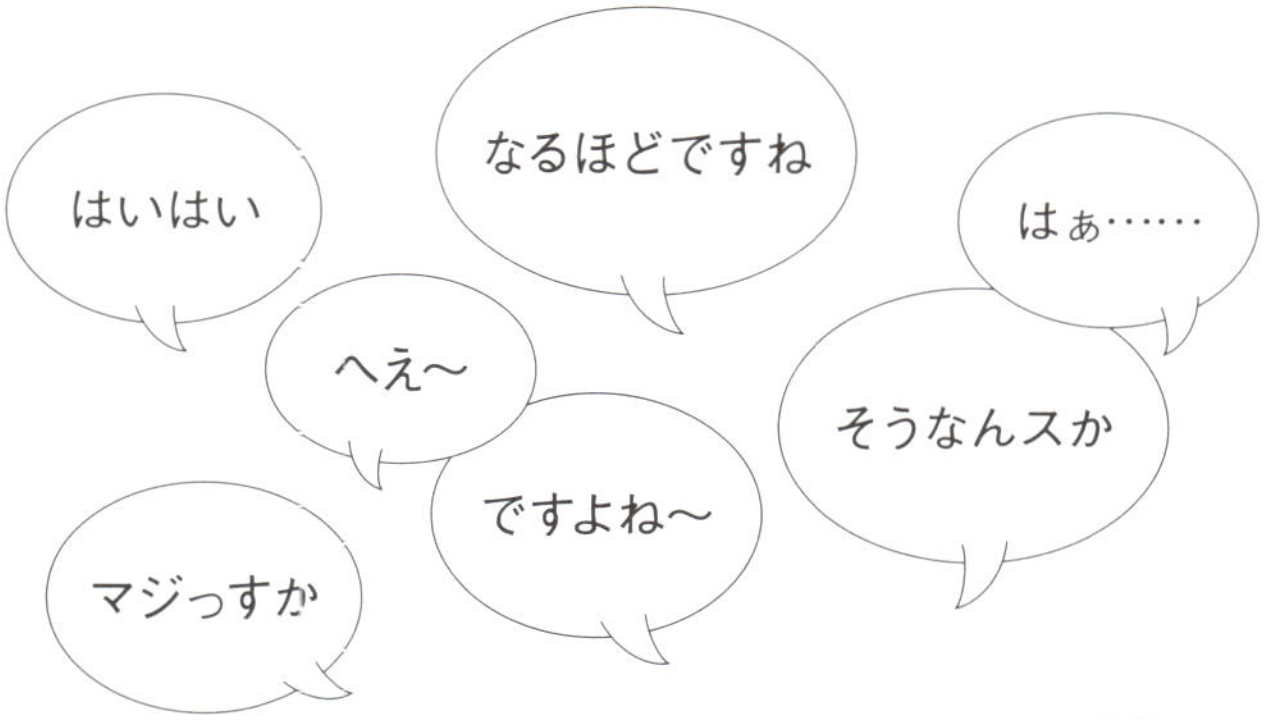
はいはい
なるほどですね
はぁ……
へえ〜
そうなんスか
ですよね〜
マジっすか

気づかないうちにくせになっていないか注意！

せっかくきちんと聞いていてもあいづちが下手では残念。特に「はいはい」「なるほどなるほど」などの重複は、無意識にやりがちなので要注意。

日々の正しい「はい」の積み重ねが信頼関係を築く

「はい」は一日に何度口にするかわからない大切な言葉です。特に新人は「はい」などの肯定するあいづちを使う機会が多いものですが、うまく言えていない人が少なくありません。上手な「はい」は、相手に体を向け、目を見て元気よくうなずきながら。口先だけだったり、間違ったあいづちを打つと、不誠実な印象に。正しい「はい」に、先輩は「信頼できるな」と感じます。間違いに気づいていないこともあるので、家族や友だちにチェックしてもらいましょう。

当然のことと思わないで

気持ちを込めた感謝の言葉を伝える

先輩があなた（新入社員）に……

- 教えてくれた
- 手伝ってくれた
- 手本を見せてくれた
- フォローしてくれた
- リカバーしてくれた
- 貸してくれた

決して当たり前のことではありません

気遣い　労力　時間

……などを想像すれば、
感謝の気持ちを込めて自然といいお礼が言えるはず

「すみません」ではなく
「ありがとうございます！」
と言うほうが**好印象**

CHECK お礼は2回言う！

シーン ランチをごちそうになったら……

- お店を出たところで
「ごちそうさまでした」と**第一のお礼**
- 終業後、会社を出る前に
「今日はごちそうさまでした」と**第二のお礼**

- ただし、ごちそうになっていない人がいる場合、ほかの人にはあまり聞こえないように
- 終業時に会えなかった場合は、LINEなどでお礼を

してもらったことに想像を巡らせ、心からのお礼を

入社したばかりの頃は、必然的に、誰かにしてあげることよりも「してもらうこと」が多くなります。そんなときは、気持ちを込めた感謝の言葉を。「すみません」とも言いがちですが、謝られるよりも感謝される言葉のほうが心地いいものです。先輩がしてくれたことの意味、気遣い、労力などを想像できれば、自ずと心のこもったお礼ができるはず。うれしいときは思い切りの笑顔で、ミスをカバーしてもらったときは神妙になど、そのときどきの表情でお礼を。

きびきびした印象のコツ

やる気は姿勢に宿る

立ち方

基本の姿勢

あごは軽く引く
肩の力を抜く
腕は、
女性は体の前で重ねる
男性は自然に横に下ろす
天井から
吊られて
いるように
背筋を伸ばす
足は揃える

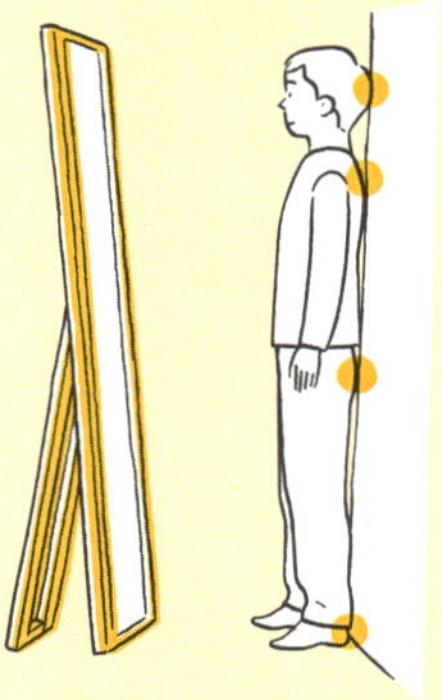

**正しい姿勢か
チェックしよう**

自分の姿勢は自分ではわかりにくいもの。入社前、姿見の前で、自分の立ち方、座り方、歩き方などをチェックしてみよう。

歩き方
目線はまっすぐ
前に向ける
腕は軽く
前後に振る
やや広めの歩幅で
きびきびと
座り方
背筋を伸ばす
膝は
男性は
やや開き、
女性は
揃える
イスの真ん中に座る

まずは客観的に自分の姿勢をチェックする

道を歩いていて、ウインドウに映った自分の姿勢の悪さに驚いた、という経験がある人もいるのでは？ 姿勢の悪さは自分では気づきにくいものなのです。

しかし、姿勢はとても重要。すっとまっすぐな姿勢は、見る人にやる気や誠実さを伝えます。逆に、だらしのない姿勢はやる気がないように見えてしまいます。まずは、自分の姿勢を客観的に見ること。真正面だけでなく、後ろ姿や横からも忘れずに。家族、友人の協力を得てチェックしましょう。

3種類のおじぎをマスターする

印象に残るおじぎとは

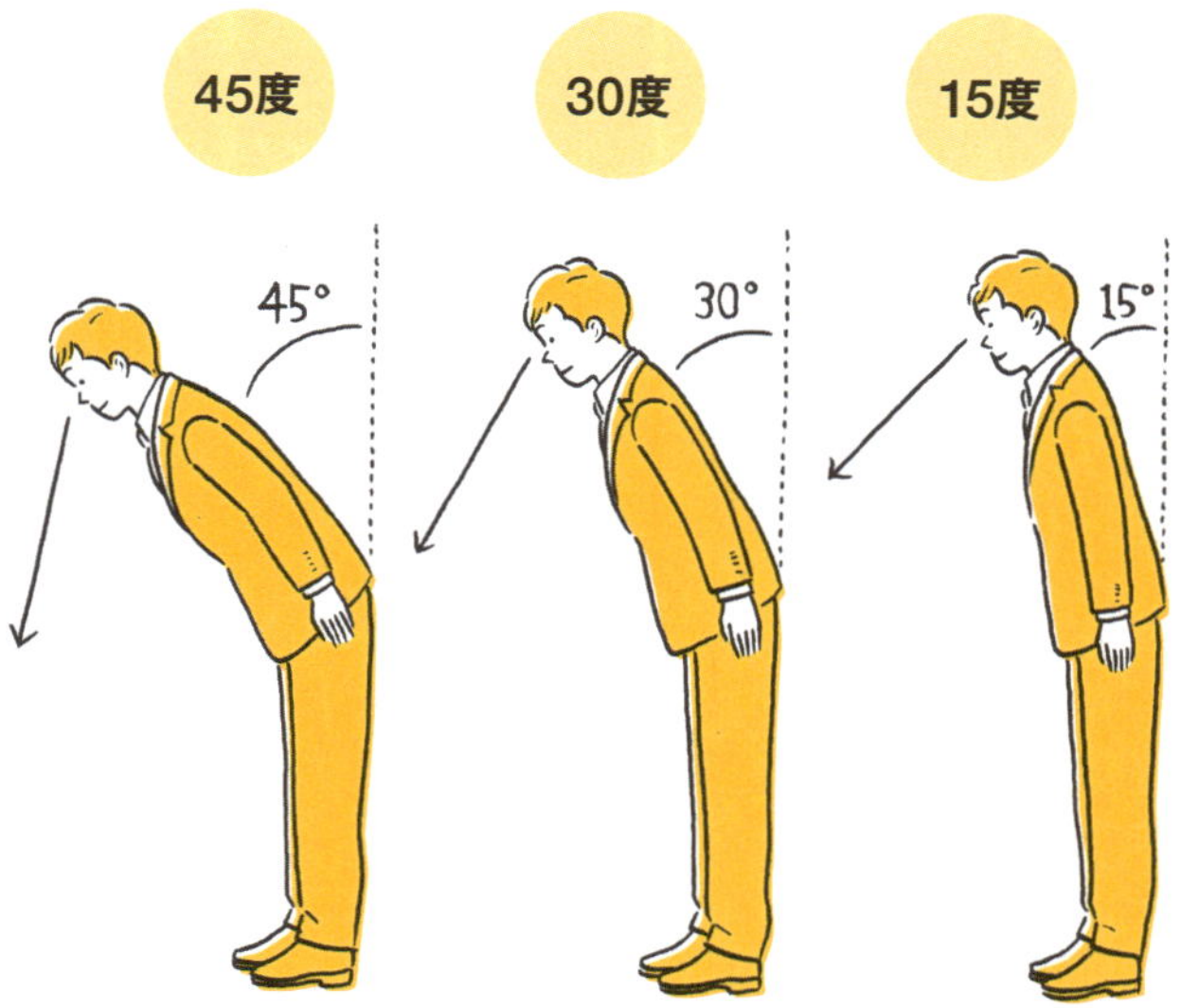

最敬礼

もっとも丁寧なおじぎ。腰を折って深く頭を下げ、視線は自分の足元。頭を上げるときはゆっくりと。お礼や謝罪の際に。

敬礼

いったん足を止め、腰を曲げて頭を下げ、自分の足先から50～60㎝のところに視線を落とす。お客様を出迎えるときなどに。

会釈

腰は軽く折り、頭も軽く下げる。視線は1.5mほど先に落とす。すれ違うときや部屋の出入り時に使う。歩きながらでもOK。

コツをつかめば格段に上手になるはず！

日本古来からの「おじぎ」という動作。普段はあまり意識せずにしているかもしれません。おじぎにはＴＰＯに合わせた3種類があり、状況で選んで実行します。ただ、おじぎは鏡を使っても自分では見られないもの。同期同士でチェックし合ったり、動画を撮ってもらってもいいでしょう。上手になっておきたい所作です。

CHECK 美しいおじぎのポイント

- ☑ **背筋を伸ばし、腰から体を折る**

  頭だけを下げようとすると、首から折れたおじぎに。いったんすっと背筋を伸ばして、腰から折ることを意識。

- ☑ **挨拶 → おじぎの順に**

  言葉を発しながらのおじぎは美しくないので、言葉での挨拶とおじぎは、タイミングを分けるようにする。

- ☑ **頭を上げたら相手の目を見る**

  おじぎをしたあとは、まっすぐに相手の目を見ると気持ちが伝わる。変に視線を逸らすと不審に思われる。

- ☑ **男性は両手の人差し指の先をズボンの縫い目に沿わせる**

  男性は手を左右に下ろした際、人差し指をズボンの縫い目に沿わせると位置的にも整い、すっと腕が伸びる。

- ☑ **素早く頭を下げ、ゆっくりと上げる**

  おじぎなどの動作は、メリハリをつけると美しい。おじぎの場合、頭を下げるときは早く、上げるときはゆっくり。

おじぎのあとの**余韻も大切にしよう**

無意識にやりがちです

NG おじぎ

- × 首だけ曲げる
- × 目を合わせたまま頭を下げる
- × 何度もペコペコする

好かれる所作を身につける

少しの気配りで効果あり！

丁寧な所作が仕事での信頼感につながっていく

小さな動作の積み重ねが、周りに好感を抱かせたり、逆に苦手意識を持たれたりする原因になります。さらに、品のいい仕草は「丁寧な人」という印象につながり、仕事も丁寧↓信頼感となっていくのです。学生時代は誰も注意してくれなかったクセを、社会人になったからにはいったん見直して。好かれる所作を身につけましょう。

CHECK 好感を持たれる所作のコツ

☑ 言葉と動作を分ける

おじぎを含め、どんな動作も言葉と分けると美しい。同時だと「ながら」の印象になる。

☑ 指を揃える／指ささない

何かをさし示すときは、きちんと指を揃えて。特に人を人差し指でさすのはマナー違反。

☑ 音を立てない

物を置くときなどに音を立てないよう気を配ると「丁寧な人」という印象になる。

☑ メリハリをつける

例えば、素早くドアを開けて、そっと閉めるなど、動きに緩急をつけると、品よく映る。

やっていませんか？

NG行動 オフィスで直したい迷惑なクセ

ため息

害がないようでいて、周りを心配させたり暗い気分にさせる。うっかりため息をついてしまったら、大きく息を吸って元気に見せよう。

貧乏ゆすり

イライラすると無意識にやってしまう人も。クセになっているなら、仕事がうまくいかないときや注意されたあとは特に気をつけて。

ドタドタ歩く
足を引きずって歩く

歩くときの音も品位に直結。大きな足音やズルズル引きずる音は、仕事も雑に行う印象に。やや大股で、静かに素早く歩くのがいい。

キーボードを強く叩く

張り切っているときにやりがち。キーボード音は意外と響いている。逆にそっと速く打っていると、品がよく見える動作にもなる。

飲食時に音を立てる

ビジネス以外でも「嫌われる理由」のひとつに挙がる。クチャクチャ嚙んだり、ズルズル啜《すす》るクセがないか、家族などに聞いてみよう。

ペンをくるくる回す
カチカチ鳴らす

ペンをいじるクセは、考え事をしているときに出がち。仕事に没頭しても、ペンをいじる音で周りに迷惑をかけていないか気をつけて。

COLUMN 03

人前で話すときや接客にも使える

人と話すときのさしすせそ

社会人になると、大勢の前で意見を言うことが多くなり、慣れないうちはどうしても緊張してしまいます。面談や初対面の人と話すときも同様です。堂々と話ができる話し方の「さしすせそ」を覚えて、緊張したときに思い出してみましょう。

さ　最高の状態をイメージする

イメージトレーニング。自分が上手に話しているところを想像する。大物がスピーチをしている様子などを参考にするのもおすすめ。

し　姿勢よく

立っていても座っていても、姿勢は声に連動するもの。背筋がピンとのびるだけで声色はよくなるので、深呼吸して背筋をピン！と。

す　スマイル

電話の受け方（P.115）にもあるように笑顔を作ってから発声する「笑《え》声《ごえ》」はそれだけで人を惹きつける。口角を上げてほほえんで。

せ　誠実に

誠実に話そうという心構えは、口調に出る。うそをつけば相手の目を見づらくなるし、心を込めた説明ができなくなるので、誠実に！

そ　「そ」を大切に

「そうなんですよね！」「それでどうなったんですか？」……「そ」から始まる言葉は会話をつなげる。発声も「そ」に力を込めて。

CHAPTER_04

コミュニケーションの基本

人と人のコミュニケーションは
「社会」の基本。円滑な人間関係を構築する
ために必要なマナーを身につけよう。

CHAPTER_04

話し方❶

きちんと伝えられるコツは？

わかりやすさと感じのよさのバランスが大切

まずは「表情」をマスターしよう

1

口角を上げてほほえむ

“感じのよさ”を表現するためには、言葉を口に出す前に、口角を上げてほほえむ。

2

そのままの口で挨拶

自然な笑顔で第一音を発声できる。「お」が「え」に近くなり、明るいトーンになる。

CHECK

きちんと伝わる
話し方の基本

☑ **普段の声よりワントーンアップ**

話す内容に自信がないことも多いのが新人。でも、ワントーン高い声を出すつもりで発声すると力強い声が。

☑ **語尾まではっきり発音する**

最初は張り切って声を出しても、語尾が小さくなる人も多い。間違っていてもいいので聞き返されないように！

☑ **はきはきと元気よく**

挨拶同様、元気がいいのが新人の取り柄。一語ずつはっきりとメリハリをつけることで、元気のよさを示せる。

大切なのは **わかりやすさ** と **感じのよさ** のバランス

脳に届く

POINT

- **聞きやすい明瞭さ**

きちんと耳に届いて理解しやすいこと。自信がなくても、一度で聞き取れるように気を配った話し方を。

- **簡潔さ**

「で、何？」と聞き返されないよう必ず話の着地点を決め、伝えたいポイントをきちんと話せるよう準備。

- **正確さ**

正しい情報を伝えるのはもちろん、「多分」「きっと」の話で忙しい先輩の時間をとらせないようにしよう。

心に届く

POINT

- **表情**

一般的な会話では基本的に笑顔で。状況によって表情は相手に寄り添うことで話は心に響きやすくなる。

- **適度な抑揚**

平坦な話し方は、元気のない、堅い印象に。メリハリのある口調で元気よく。ただし、やりすぎには注意。

どちらかに偏らず、わかりやすく・感じよく

上司や先輩に話をするときは少なからず緊張します。新人に話せる内容は限られているのですから、挨拶と同様に「元気よく」「感じよく」をアピールしましょう。

また、慣れないうちは緊張したりして、話しているうちに自分でも「何を伝えたかったんだっけ?」となってしまうこともあります。大切なのは、相手にとってわかりやすく、かつ、感じよく話すこと。話せていると思っても、ひとりよがりになっている場合も多いので気を配りましょう。

もっと感じのいい話し方をマスター

言葉の選び方でガラリと変わる

感じのいい人が使っている

ポジティブな言い回し

ビジネスの世界では、とっさの言葉選びで印象が左右されるもの。クセになっている場合はいったん話を止めて、意識して言い換える習慣をつけましょう。

☑ **否定の言葉を避ける**

例 ✕ わかりません　〇 わかりかねます

✕ できません　〇 できかねます

☑ **「でいいです」はネガティブ表現**

例 ✕ コーヒーでいいです

〇 コーヒーがいいです

◎ コーヒーをお願いいたします

☑ **「ください」は命令形**

例 ✕ お待ちください

〇 お待ちいただけますでしょうか

感じのいい話し方でビジネスもうまくいく

「感じがいい人」と思われることは、ビジネスで大きな武器になります。「また会いたい」と思ってもらうことができれば仕事も順調に運ぶからです。感じのいい人は、言葉選びが上手。ネガティブな言葉をポジティブに言い換え、へりくだることなくお願いごとができます。そんな先輩を見つけたら、どんどん真似をして取り入れましょう。

表情や話し方は「合わせる」が基本

言葉だけでなく、表情やテンポなどを調和させると、相手は心地よく感じるといわれています。相手の鏡になったつもりで会話をして、安心感を与えましょう。

表情

真面目な話をするときは真面目な表情で。共通項が見つかったときなどは驚くと同時にとびきりの笑顔を弾けさせてみよう。

テンポ

早口の人はせっかち。相手に合わせて少し早めに話してみよう。逆にのんびりした人には少しゆっくり話すと相手は心地いい。

トーン

トーンが大きく違うとお互いに居心地が悪いもの。できるだけ相手のトーンに合わせよう。

CHECK

意見が食い違ったときこそ「感じよく」

先輩に意見することは少ないかもしれないが、誤解がある場合やはっきり「違う」と感じたときは、主張しよう。

- まずは最後までしっかり聴いてから意見する
- 受け入れられる部分を肯定し、
その後簡潔に意見を述べる
- 聞いてもらったお礼を言う
感情をむき出しにしたり、黙り込むのは
社会人としてNG

3つの敬語を使いこなす

基本中の基本を覚えよう

敬語の種類

尊敬語

相手を上げることで立てるときに使う敬語。文頭に「お（ご）」をつけたり、動詞に「（ら）れる」をつける。主語が目上の人の場合。

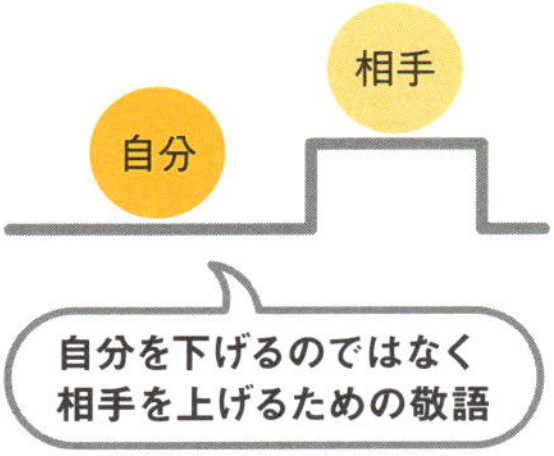
相手
自分
自分を下げるのではなく
相手を上げるための敬語

謙譲語

自分や身内をへりくだることで相手を立てる。「お（ご）＋申し上げる」「いただく」や「拝」のつく慣用句もコレ。主語は自分。

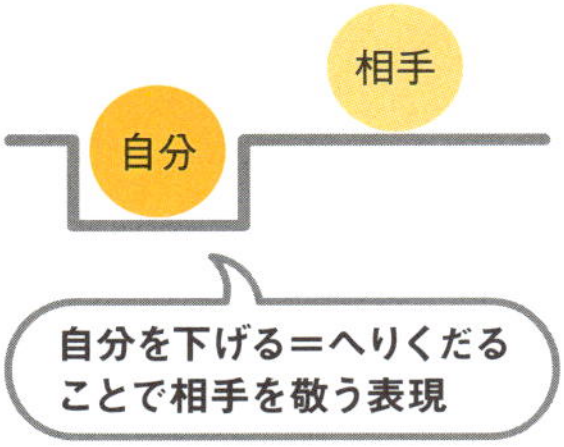
相手
自分
自分を下げる＝へりくだる
ことで相手を敬う表現

丁寧語

会話の基本。「です」「ます」や単語の頭に「お（ご）」をつけるのは丁寧語。まずは確実にマスターしてベーシックに使う。

自分
相手
ビジネス会話の基本。
社会人として使いこなしたい

主語は自分？　相手？　尊敬語・謙譲語のコツ

会社では基本的に丁寧語を使い、さらに尊敬語・謙譲語も使いこなすことを求められます。特に尊敬語と謙譲語は間違ったまま思い込んで使っているケースも多く、今一度確認を。誰が主語なのかを明確にすれば、難しいことではありません。動詞はがらりと形が変わる場合もあるので使いながら覚えていきましょう。

形を変える敬語

普通語	尊敬語	謙譲語	丁寧語
言う	おっしゃる	申し上げる／申す	言います
見る	ご覧になる	拝見する	見ます
いる	いらっしゃる	おる	います
する	なさる／される	いたす	します
来る	いらっしゃる／お越しになる	うかがう／参る	来ます
知る	ご存じ	存じ上げる／存じる	知っています
わかる	おわかりになる	承知する	わかります
読む	お読みになる	拝読する	読みます
食べる	召し上がる	いただく	食べます

自称と他称

	自称	他称
個人	わたくし／わたし／小生	○○様／そちら様／貴殿
団体	わたくしども／一同	皆様／御一同様
会社	弊社／当社	貴社／御社／お勤め先
役員・上司	弊社社長・弊社役員／上司	御社社長／ご重役／ご上司
部下	弊社社員／本人／担当者	御社社員／ご本人／ご担当

もっと美しい言葉で話したい

間違いやすい敬語を攻略する

間違いやすい敬語

☑ 謙譲語の誤用

主語が相手なのにへりくだってしまっている

例
- ✕ 山本様でございますね?
- ○ 山本さまでいらっしゃいますね?

- ✕ お客様が参りました
- ○ お客様がいらっしゃいました

☑ 二重敬語

尊敬語に「られる」などをつけてしまって過剰に

例
- ✕ こちらはお試しになられましたか?
- ○ こちらはお試しになりましたか?

- ✕ 先にお帰りになられました
- ○ 先にお帰りになりました

☑ 意味のない敬語

一般名詞に対して敬語を使ってしまっている

例
- ✕ こちらが資料になります
- ○ こちらが資料でございます

- ✕ さっき → ○ 先ほど
- ✕ もうすぐ → ○ 間もなく
- ✕ すごく → ○ とても

まだまだある!

よくある敬語の間違い

☑ バイト敬語

接客アルバイトに定着している間違った敬語の使用法

例 × 以上でよろしかったでしょうか?

〇 以上でよろしいでしょうか?

× 資料のほうをご覧ください

〇 資料をご覧ください

☑ ら抜き言葉

最近は許されるシーンも多いが、できれば使わないほうがいい

例 × 食べれる 〇 食べられる × 見れる 〇 見られる

☑ 「いただく」の乱用

「いただく」は相手の許可を求める言葉なので要注意

例 × 発売させていただいた 〇 発売いたしました

☑ もらえないものをもらう

「名前」「電話番号」など“もらえないもの”を頂戴しない

例 × お名前頂戴できますか?

〇 お名前をお聞かせ願えますか?

とっさのフレーズを社会人らしく!

× あっち/こっち	→	〇 あちら/こちら
× わかりません	→	〇 わかりかねます
× 今日	→	〇 本日

わからないことだらけの新人は

「聞く」より「聴く」を心がける

聞く …自然に耳に入ること

聴く …相手の話を理解しようと耳を傾けること

聴き上手を目指す

新人はいろいろなことを学んで、個人的にも社会的にも一人前になっていきます。そのためには、聴き上手になって上司や先輩の話を少しでも多く吸収することが大切です。

社会人一年生は**「聴く」**姿勢が大事

↓

聴き上手になることで……

- 理解が深まる、早まる
- 相手が気持ちよく話せ、もっと話したくなる
- コミュニケーションスキルが上がる

聴き上手の基本

目をしっかり見る

目を見ることで「聴いている」ことを示す。ただし、じっと見すぎると相手が居心地悪くなるのでたまに少しだけずらす。

うなずく

顔をまったく動かさずに聴いていると相手は不安になる。聴いていることを示す小さな意思表示を。

メモをとる

（P.84）

あいづちを打つ

（P.50）

おへそを相手に向ける

いくら目を見ても、横からでは感じが悪い。正面以外から話しかけられたら体ごとそちらを向く。

質問することをチェックする

（P.86）

新人の中でも差が出る！「聴き上手」になろう

新人時代は人の話を吸収して成長するのが仕事。それにはただ〝音〟として「聞く」のではなく、理解をするために耳を傾け「聴く」ことが大切です。「聞く」は受け身ですが、「聴く」は積極的な行動。すべては成長の種と考えて、指示はもちろんのことちょっとした雑談でも、とにかく上司や先輩の話を「聴き」、一人前の社会人を目指しましょう。また、「聴く」が上手にできれば、相手ももっと話したくなるはず。「与えたくなる」部下への近道です。

CHAPTER_04

自己紹介 ❶

相手の記憶に残るには「最初で最高」の自己PRとは

なぜ自己紹介は大切？

名前と顔を覚えてもらう場だから

↓ さらに

自己紹介は
第一印象に深く関わる

自己紹介はいい印象を与えるチャンス

同じ人に何度も自己紹介をすることはあまりありませんから、自己紹介はたった一度のアピールタイム。さらに、新人にとっては一時期、何度も行う自己紹介でも、相手には一度だけと心得て。一回一回、臨機応変に悔いのない自己紹介ができるよう準備しましょう。また、名前や顔を覚えてもらうだけでなく、第一印象の評価にも。

作っておこう！

印象に残る自己紹介の流れ

入社したら幾度となく自己紹介をすることになる。事前に構成や話す内容を考えておくのは必須。順番とポイントを頭に入れておけば本番で慌てずに話せるはず。

1 挨拶 …… 堂々と爽やかに

例「はじめまして」「ご紹介にあずかりました」

2 部署・担当 名前 …… 語尾まではっきり

例「マーケティング局広報部に配属されました中野進です」
「中野区の中野に一歩一歩進むと書いて進です（→P.74）」

3 おじぎ …… ゆったり落ち着いて（P.56）

4 アピールコメント …… その場で考えない（P.75）

例「大学時代、10ヵ国を旅して度胸をつけてきました。
いろいろな人にオトワールの商品を紹介していきたいです……」

5 再度名前を言って、締めの挨拶 …… 記憶に残す

例「広報部の中野進でした。どうぞよろしくお願いいたします！」

6 おじぎ …… 適切な角度で締めて（P.56）

会社でも歓迎会でも使えるテクニック

一度で名前を覚えてもらう

記憶に残る「名前の説明」を！

森田の森は3本の木の森です

漢字をバラし、頭の中でイメージをしてもらうことで記憶に残りやすくなるといわれる

森田鉄男

鉄の男と書いて鉄男です。鉄道マニアではありません

なにか特定の物や事柄をイメージさせる名前なら、口に出すことでイメージとして残る

吉永は吉永小百合さんと同じ吉永です

世代を超えて誰でも知っている有名人の名前を借りるのは、自己紹介では王道の手法

吉永春子

春子の春はスプリングの春です

漢字をイメージしてもらうため、いったん英語に置き換えるのもわかりやすい説明

最近では珍しい子供の子です

平凡かと思う「子」も逆手をとってアピール。単に「子供の子」と言うより若い世代らしい

自己紹介ではとにかく名前を覚えてもらう！

自己紹介での最大の目的は、名前を覚えてもらうこと。これは、入社面接のときの自己PRと大きく異なります。相手の記憶に少しでも残るよう、漢字とイメージをつなげたり、繰り返し口に出すのがポイント。名前がすーっと流れてしまわず、記憶に焼きつけられるような、テッパンの名前の説明を考えておきましょう。

自分の**アピールポイント**を上手に伝えよう！

そこに集まっている人たちや目的を把握し、TPOに合わせたバージョンの自己紹介ができるくらいになろう。どんな場でも、仕事ぶりを想像させることは間違いないので堂々と、誠実な態度でふるまう。

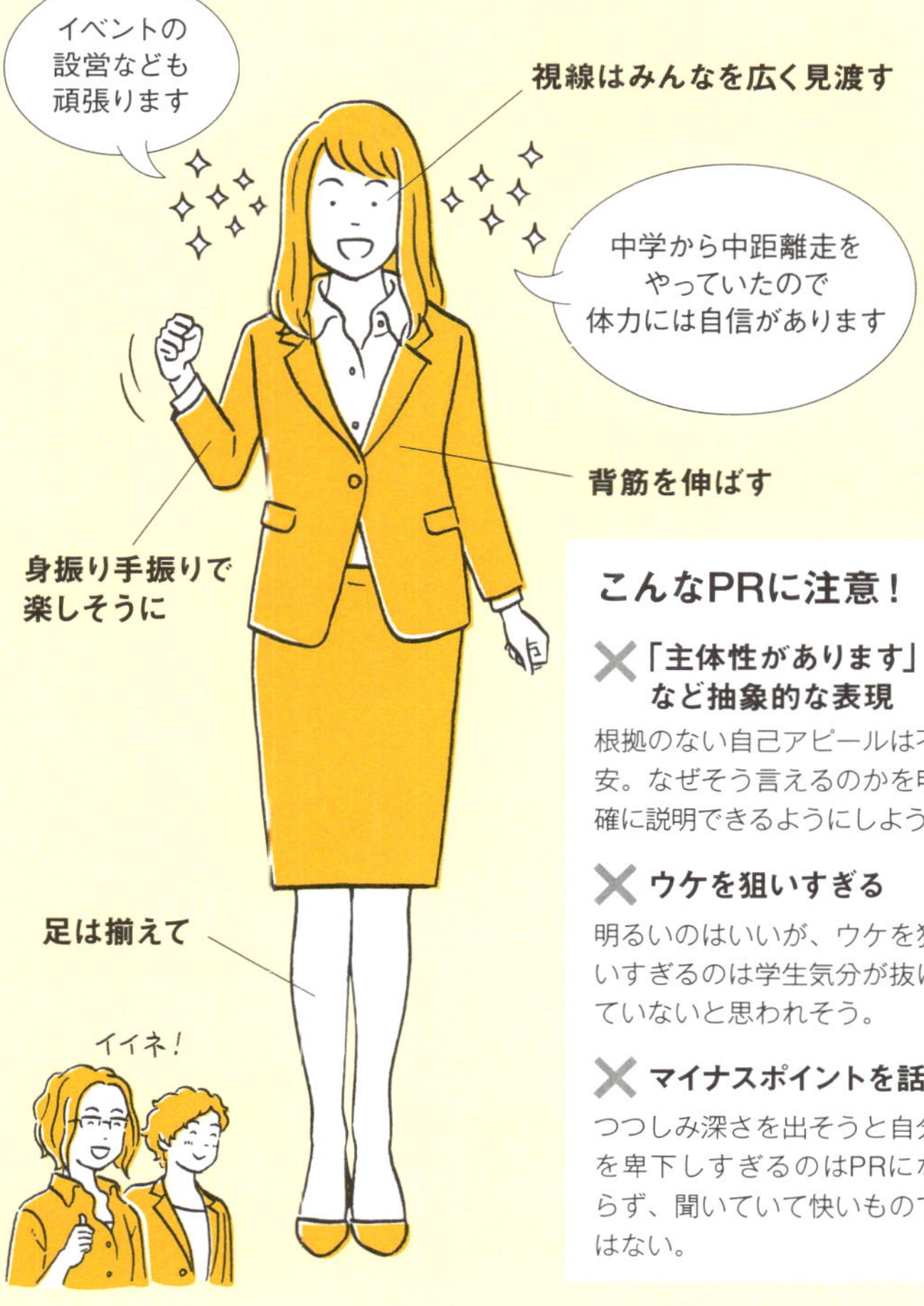
イベントの
設営なども
頑張ります
視線はみんなを広く見渡す
中学から中距離走を
やっていたので
体力には自信があります
背筋を伸ばす
身振り手振りで
楽しそうに
足は揃えて
イイネ！

こんなPRに注意！

✕「主体性があります」など抽象的な表現

根拠のない自己アピールは不安。なぜそう言えるのかを明確に説明できるようにしよう。

✕ ウケを狙いすぎる

明るいのはいいが、ウケを狙いすぎるのは学生気分が抜けていないと思われそう。

✕ マイナスポイントを話す

つつしみ深さを出そうと自分を卑下しすぎるのはPRにならず、聞いていて快いものではない。

メールでも 会話でも

「マジックフレーズ」を使ってみよう

ちりばめれば「感じよく」聞こえる魔法の言葉

同じことを話していても感じよく聞こえる人がいます。それはきっと、マジックフレーズ（「クッション言葉」ともいう）を上手に使っているから。そういう人から「これは使える！」と思うフレーズはどんどん吸収して使いこなしましょう。

お願いするとき

文頭に

- 恐れ入りますが
- 恐縮ではございますが
- お手数をおかけいたしますが
- お差し支えなければ
- ご多忙とは存じますが

文末に

- ～していただけますでしょうか
- ～していただけると幸いでございます
- ～していただけるとありがたいのですが

例 「5分ほどお待ちください」

→「まことに恐れ入りますが、
5分ほどお待ちいただけますでしょうか」

「ください」は命令を丁寧に言っているだけ。申し訳なく思っている気持ちを伝え、さらに「ください」を問いかける言い方に換えるだけで、低姿勢でお願いしている印象にできる。

お待ち ください
お待ちいただけ ますでしょうか

お断りするとき

文頭に
- 大変申し訳ございません
- 申し訳ございませんが
- あいにくではございますが
- お気持ちはありがたいのですが

文末に
- ～いたしかねます
- ～できかねます

例「ご協力できません」

→「あいにくではございますが、ご協力いたしかねます」

「できない」と言い切ってしまうと怒っているイメージに。文頭に「できたらいいのだけれど」というニュアンスの言葉を添え、柔らかな印象に。

反論するとき

文頭に
- お言葉ではございますが
- お言葉を返すようですが
- おっしゃる通りではございますが
- ごもっともでございますが

文末に
- ～賛成いたしかねます

例「そのご意見には反対です」

→「ごもっともではございますが、
そのご意見には賛成いたしかねます」

「あなたの理屈は間違っていないけれど、でも、私は」というニュアンスに。いったん肯定してから反論することで、まさにクッションとなる。

POINT 表情や声色も相手の気持ちに寄り添ってみよう

先輩が新人にイラッとした瞬間 ①

初々しさを通り越し、先輩をイラッとさせてしまう……。気づかないうちにやっているかもしれない、新人たちの“悪い例”です。

こちらから催促しないとメールの返事をしない

→ 自分だけがメールを読んで納得していてはだめ。納得したことを伝えないと、LINEの既読スルーと同じ。仕事を任せるには程遠い！

ミスを指摘すると、なぜ自分がそうしたかをいつまでも説明し続ける

→ 言い訳はせず、むしろ指摘してもらったことにお礼を言うべき。今だからこそ指摘してくれる人がいるのに、成長の機会を逃しそう。

資料の訂正指示をしたものが30%しか直っていない

→ そもそも何が間違っているのかをわかっていない!?　自分が理解しているかを確認し、もしわからないことがあるならすぐに質問を。

伝言メモの字が小さくて汚い

→ 読みにくい字を書いてしまうのは「ほかの人が読む」ことを考えていないから。字にクセがあるなら、意識して読みやすく清書しよう。

自分がミスした件で会社では謝罪していたのにSNSでは開き直っていた

→ SNSで感情を垂れ流すのは社会人失格！　必ず見ている人がいて、会社にも伝わってしまう。その後いくら態度がよくても信頼は失墜。

CHAPTER_05

仕事の基本ルール

一人前になる以前に、まず知っておきたい
毎日の仕事の進め方。基本ルールをもとに
専門的な知識や技術を積み重ねていこう。

社会人一年生は初動がすべて

言われる前に動く!

新人は初動が肝心

気づいたら（言われる前に）すぐ動く

周囲が新人に期待しているのは瞬発力。まだ経験が足りない新人は考えていても仕方がない。「やれることがある」と思ったら失敗を恐れずまず動こう。

↓

やらないよりも、
動いて失敗するほうがいい

「どうしようかな？」と思ったら、遠慮より「配慮」

○ **配慮**……気持ちを配って慮《おもんぱか》ること

△ **遠慮**……考えすぎて控えめになること

ただし

- わからないことは質問
- 出しゃばりすぎない
- 知ったかぶりをしない

思い切って最初の一歩を踏み出して動こう

新人は行動力を見られています。小さな雑務を積極的にできる人ほど評価されます。「自分がやったら出しゃばりすぎ?」と臆してしまう気持ちもわかりますが、新人には失敗して当然、という強みがあるので、怖がらずに一歩前へ踏み出しましょう。遠慮してしまうのではなく、周囲に広く配慮できるのが社会人なのです。

「誰かがやるだろう」の**「誰か」になる**

例
- 会議室の片づけ
- 給湯室のちょっとした掃除
- 開けっ放しのドアを閉める
- 備品の貸出／返却
- 共有スペースの整頓

ほかの人が気づかないこと
気づいているけどやりたくないこと

どんな小さなことでも
必ず見ていてくれる人がいる！

「すぐ動く」を心がけたなら
- てきぱき動いている姿はいいイメージにつながる。
- 信頼感につながり、仕事の視野が広がり、成長できる。

始業前・終業後にやるべきこと

スムーズに仕事を進めるために

始業前

始業と同時に仕事ができる態勢を整えて

教えてもらうことがたくさんある新人は、職場の全員が気持ちよく働ける環境を整えるのが朝の務め。マニュアルに従うだけでなく、小さな掃除などの心配りも大正解。

CHECK

- ☑ 職場の全員が気持ちよく一日を始められるように場を整える
- ☑ 自分も効率よく仕事を進められるようにする
- ☑ その日の予定ややることをまとめる (P.182)
- ☑ 前日の仕事のまとめができていなかった場合はこの時間に

終業後

机の上を片づけ、先輩に挨拶をして帰ります

仕事が終わったからただ帰るのではなく、周囲への気配りが大切。みんなが気持ちよく仕事ができるだけでなく、最後までいいイメージの余韻を残せるだろう。

CHECK

- ☑ 本当にもうやることがないか、確認する
- ☑ 先輩より先に帰る場合は「お手伝いすることはありませんか？」と声をかける （P.49）
（先輩も気持ちよく「帰っていいよ」と言える）
- ☑ 机の上は何もない状態に片づける

予定があって終業後すぐに帰りたい場合は？

もしかしたら先輩がアテにしていることがあるかもしれないので、どうしても早く帰りたい日は予告しておくと安心。できれば3日ほど前までに申し出ておくと迷惑にならず、段取り上手な印象になる。

仕事がなくても早めに出社。周囲の状況に気を配る

新人は任されている仕事が少ないので朝はギリギリ、定時で即帰ってＯＫ……ではありません！

みんなが快適に働けるようにオフィスを整えたり、自分の仕事の準備にもまだまだ時間がかかるはずですから、早めの出社を心がけましょう。難しいのが帰り際。昔のように「全員の残業が終わるまで残れ」というようなことはなくなったものの、終わったからといってさっさと帰るのは周りにとって気持ちいいものではありません。小さな気配りを忘れずに。

まずは全体の流れを知る

上司からの指示を受ける

新社会人は基本的に**指示をもとに行動**します

入社したてで指示なしに仕事をすることはまずないはず。指示を受け、それを遂行するのが新人の仕事の大部分。だからこそ覚えておきたい、先輩からの「指示の受け方」。

指示を受けるときの流れ

1 上司に呼ばれたら

返事をして、メモ用紙と筆記用具を持ってすぐ向かう

ここで大切なのは「指示は嬉しいもの」という態度。楽しいことを受けるつもりですぐに上司のもとへ。

もらった指示を喜ぶ。その気持ちを伝えるのも◎

新人の仕事はほとんどが上司からの指示をもとに動いています。ただ言われたことをやるだけではなく、指示がもらえること、つまり、その仕事ができて嬉しい!という心持ちでいると、仕事はぐんと楽しくなるはずです。また、高いモチベーションで取り組んでいることを指示者に伝えられれば、好印象にもつながります。

2 指示を受けるときは

大きくうなずき、「はい」と返事をして理解していることを伝える

必ずメモをとりながら

視線はメモだけでなく、ときどき上司にも

質問は最後にまとめて！

ただ指示を受けて理解するだけでなく、いかに理解して、張り切っているかを指示者に伝えるのもポイント。

3 最後に復唱、確認を

日時、場所などを復唱し、確認する

大事な数字や固有名詞は、確認のために復唱を。自分のためだけでなく、相手にも安心感を与えられる。

4 すぐ行動に移す

デスクに戻り、さっそくとりかかる

「指示が嬉しい」と「責任をもって取り組もう」という気持ちを表情に出し、張り切って指示された仕事をスタートさせよう。

ゆるがない信頼につながる

指示を受けるときのメモ・質問・確認

メモをとることで指示者も安心・信頼できる

指示を受けるときにメモは欠かせません。どんなに記憶力がいいと自負していても、メモをとっていない部下は「本当にわかっているのか？」と上司を不安にさせるからです。また、その場で確認や質問をしないのも不安の種になります。指示の遂行だけでなく、指示者の安心のためにも、指示の受け方には気を配りましょう。

基本のメモのとり方

メモは耳に入った言葉を書き起こすものではなく、ポイントを書きとめるためのもの。ポイントとは、5W2Hのこと。しっかり聴き取って、書きとめましょう。

5W2Hを意識してまとめよう

Who　**誰が／誰に**
→ 相手は誰（またはどの会社）なのか

What　**何を** → やるべきこと

When　**いつ** → 日程や期日

Where　**どこで** → どの場所で行われるのか

Why　**なぜ** → どうしてやるのか
※ただしWhyは聞きすぎないほうがいい場合も

How　**どのように** → 手段、方法

How much／**H**ow many　**いくら／いくつ**
→ 具体的な数字

わからないことがあれば、

必ず「すぐ」「その場」で確認を

新人はわからないことがたくさんあって当たり前。むしろ、指示に対して質問ゼロのほうが心配。知ったかぶりは損と考えて、積極的に質問・確認しましょう。

※メモしたことはデスクに戻ってすぐにノートにまとめると疑問点が出てくることも。そこでも早めに質問を

POINT 指示の内容から次の行動を予測して質問する！

↓

的確な質問は、上司も成長を実感でき、さらに自分の理解も深まる

例 「コピーをとる」指示を受けたら

成長したなぁ
お客様用でしたらクリアファイルに入れてセッティングしますね
社内用でしたら裏紙を使ったほうがよいですか？
（カラーの原本の場合）コピーはカラーとモノクロのどちらがいいですか？

指示を受けるときに注意したいことは？

ハードルの高い指示はまず**挑戦**

周りの期待に応え、着実に成長していこう

指示を受けては遂行しているうちに、いつの間にかスキルは上がっているものです。ただ、ふと気づくと「こんなにできません！」と言いたくなる課題を示されることも。でも、それは成長の証であり、上司からの期待でもあります。まずは受けてみて、どうにもならなければ相談しましょう。新人は失敗して成長するのですから。

指示に不安や疑問を感じたら

「そんなの無理」と思う指示を受けたら、どうするか。
「なぜ無理か」によって対応策は違います！

ハードルが高すぎる → **やってみる**

上司の「やり遂げるだろう」という期待を受け止め、いったんは挑戦してみよう。新人だからこそトライアンドエラーが許されることを忘れずに。

抱え込みすぎ → **相談する**

指示をたくさん受けすぎて、ひとつひとつ丁寧に対応できないと感じたとき。特に同じ上司からの指示なら、その上司に相談して解決しよう。

直属の上司以外からの指示 → **直属の上司に確認**

直属の上司に、別の部署から指示を受けたことを報告して相談を（相談なしに進めるのは×）。どちらを優先するか迷った場合も率直に尋ねる。

「**報告**」するまでが「**指示**」です

「指示」は結果を出したときではなく、結果を指示者に報告することで完了。このとき、まずは結論を話し、次に理由などの事実を。私見や感想、次への想いなどは、別のものとして最後に話すのが大切。

※受けた指示の報告について
詳しくはP.92を参照

CHECK メールで指示を受けたら？

最近にたとえすぐ近くにいてもメールで指示を受けることが急増中。面と向かってやる気を示せない指示メールにはどう対応するべき？

1 まずは**即返信**する

出先などでしっかり読み込めない場合も、まずは「受け取った」という旨を返信。

2 **内容を確認**し、疑問があればすぐに聞く

返信をしてもため込まず、すぐに読み、問題があれば解決する。質問もメールで返そう。

3 基本的には**報告もメールで**

メールで受け取った指示はメールで報告。表現で誤解を招きそうな場合などは直接話して。

新人もベテランも心がけたい

「ホウ・レン・ソウ」は仕事の要

「ホウ・レン・ソウ」とは……

ホウ ＝ **報告** ＝ 事実 ＋ 意見

レン ＝ **連絡** ＝ 事実のみ

ソウ ＝ **相談** ＝ 事実＋意見＋質問

例 「初めてひとりで営業に行った」とき

ホウ 本日初めてA社に行って受注いただけました。
引き続きケアを続けます。

レン 本日初めてA社に行って、ただいま戻りました。

ソウ 本日初めてA社に行ってまいりました。
今後もケアを続けますが、
課長はどうお考えでしょうか。私は……

なぜホウ・レン・ソウは大切なの？

新人は指示を受け、それを遂行しながら学び、成長していきます。そのためには、上司が安心して教えられるための随時の報告、スムーズに物事を運ぶためのこまめな連絡が不可欠です。また、仕事の質を高め、トラブルを回避するための相談も欠かせません。

指示を受けたことは**報告**するまで終わらない（→P.92）

連絡は、チームで働くためになくてはならないもの（→P.94）

相談でトラブルを回避し、自分を成長させる（→P.96）

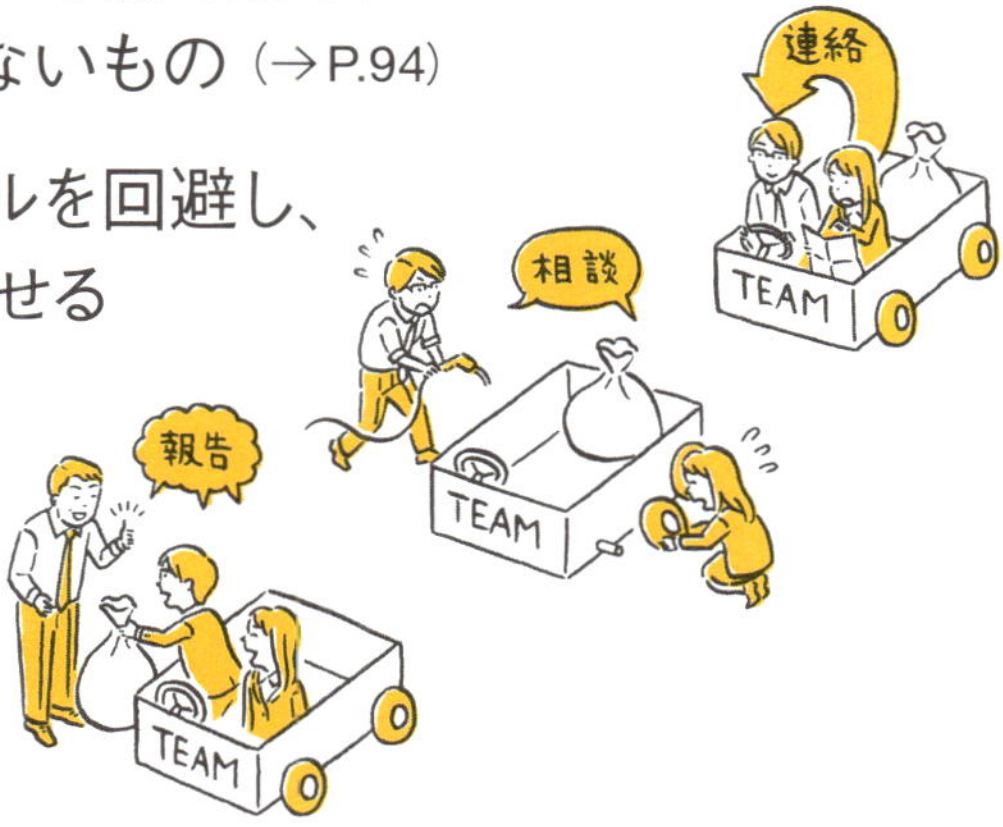

すべての仕事の基本はホウ・レン・ソウ

「ホウ・レン・ソウ」は複数のメンバーで仕事を進める会社という組織の中では欠かせないものです。指示を受けることをスタートとして、ホウ・レン・ソウを繰り返しながら行動していけば、仕事がひとつ遂行されると同時に、社会人としての成長が必ずあります。

また、ホウ・レン・ソウは促されて行うものではなく、上司から質問される前に、自らタイミングを見て行うことが評価につながるのを忘れずに。早めのホウ・レン・ソウ！を習慣にしましょう。

指示はすべて報告で終わる

実は仕事の最重要プロセス！

「報告」の目的

指示を受けた案件を実行し、
その結果を指示者に伝える重要なプロセス

→ 上司が**仕事の結果**を正確に把握できる

→ 上司が**新人の成長ぶり**を把握できる

→ **次の指示**につながる（仕事が進んでいく）

ひとつひとつの指示↓報告を積み重ねていこう

「終わりました」は社会人の報告ではありません。何がどう終わり、さらにどう感じて、次はどうしようと考えたかまで報告するのが正解です。ひとつひとつの指示に対し、進捗も含め、きちんとした報告を積み重ねられれば、指示を出す上司も嬉しい気持ちになるはず。そして、その積み重ねることが社会人としての成長です。

報告のタイミングは？

● ひと区切りついたらマメに報告

指示を出した上司はいつでも進捗を気にしているはず。チャンスがあれば、小さなことでも進歩や変化があったら報告しよう。

●「よくない報告」こそ早めにする

よくない報告にしにくいもの。でも、放置して話が好転するわけもないので、早めに報告するように普段から心がけて。

「上手な報告」とは？

☑「○分ほどよろしいですか？」と声をかけるか、時間がかかりそうならメールなどでスケジュールをもらう

忙しい上司の時間を突然奪うのはNG。何分くらい時間がほしいのかを明確に。まとまった時間が必要ならアポをとるのがマナー。

☑「○○の件なのですが」とまずは案件を明確に

新人にとっては重大な案件でも上司は案件をたくさん抱えている。何の件かを明らかにしてから話し始めないと混乱の原因になる。

☑ 結論 → 経緯・説明 → 意見の順に話す

特に悪い報告の場合、言い訳が先に立ちがち。でもまずはこの順番でわかりやすく報告し、私感は最後に添えるのがポイント。

POINT メールや文書も活用する

「完了しました」で済む報告は口頭でもOKですが、複雑な経緯報告、間違えてはいけない数字などがある場合は報告書にまとめよう（指示に出されるはず）。上司が把握しやすく、時間をとられないように。

連絡は正確さとスピード重視

事実のみをきちんと伝える

「連絡」の目的

さまざまな形・内容の情報を適切な方法で関係者に伝える

事実をチームメンバーで共有すること。考えや感想、判断は不要です。簡潔に事実を伝えることが最重要。

連絡の種類

- **日常の連絡** …… 欠勤、遅刻、早退など
- **仕事上の連絡** …… 不在時の電話の取り次ぎ、会議室の変更、打ち合わせ場所の決定など
- **緊急の連絡** …… 仕事上の遅刻、トラブルの発生、急ぎの電話が入った、訃報など

事実のみを最適な早さと手法で伝えること

連絡には多くの種類があり、内容や緊急度、その情報の伝わり方、伝え方も異なります。事実をシンプルに伝えるために、どんな手段が適切なのか、どれくらい早く伝えなければいけないかなどを判断することが重要です。親切心から憶測することは先輩をイラッとさせてしまうことも。上手に「事実のみ」を伝える努力を。

連絡ツールのメリット・デメリット

相手・内容などによって、どうやって連絡するかを選ぶ

今は多くの連絡手段が揃っている。相手がしっくりくる方法を選べるように、それぞれのメリット・デメリットを知っておこう。

ツールの種類

ツール	○	×
口頭	相手に直接伝えているので確実	数字などを残せない
電話	目の前にいない相手に確実に伝えられる	数字などを残せない
メール	固有名詞や数字を確実に伝えられる。複数のメンバーに同時送信できる	即時性が低い。見たかどうかわからない
LINE	即時性がある。既読がつく。グループLINEなら複数のメンバーに同時送信できる	失礼に当たるケースがある
メモ	電話の取り次ぎに有効。相手が戻れば即伝わる	伝わったかどうか相互確認が必要

NG連絡

「確実に伝える」ができていない！

× 「たぶん」「たしか」「〜頃」「一応」など曖昧な表現

連絡は確定した事実を伝えるもの。未確定の場合は「その事実」を。

× 聞かれるまで言わない

緊急ではない連絡でも、相手に聞かれてから答えるのでは遅すぎる。

× 伝えっぱなしで確認しない

留守番電話に入れた場合などは聞いたかどうかを確認するまでが連絡。

相談は自分の考えを織り交ぜて

質問と相談は違います

「相談」の目的

わからないことや判断に迷うことを
解決できるだけでなく、
上司に安心感を与えられる

質問と相談は違います

質問 …「答え」を求めるもの

例 「AとBどちらですか？」

相談 …「意見」を求めるもの

例 「AとBがあり、私は◯◯の理由から
Aだと思いますが、
この考え方で合っていますか？」

↓

- 上司にとって「質問」と「相談」では答え方はまったく違う
- 「相談」はされると嬉しいもの
- 相談には自分も意見が必要なので、ある程度考え、仮説を立ててから相談する

相談の流れ

相手に負担をかけず、答えやすく「相談」できる気配りを

1	**「○分ほどよろしいですか？」と声をかける。** **または時間がかかりそうならメールなどでスケジュールをもらう**	その相談にのってもらうためにどれくらい時間がかかるかを判断して、許可を得る。
2	**「○○の件なのですが」と案件を明確に**	報告と同様に、上司は多くの案件を抱えているもの。どの話かを明確にしてから話す。
3	**まずは状況を説明（事実のみ）→自分の意見・仮説→質問**	話す順番を整理しておくと、相手にわかりやすく、自分の頭の中でも整理される。
4	**相談したことが解決したら、必ずお礼と報告を**	時間をもらったのだから、結論が出たときは必ず結果の報告と、お礼をすること！

上司や先輩に「労力」と「時間」を遣わせない！

交渉術にもつながっていく相談スキルを磨こう！

相談は先輩や上司から大切な時間を分けてもらい、意見をもらう場。答えだけを得ようとせず、ある程度自分で考え、自分の意見を提示できるような相談が上手な相談です。また、その意見を聞くことで、相手は新人の成長ぶりを感じられ、相談してもらって嬉しく感じることも多いのです。時間と手間をいただき、成長と結果で返す。このような繰り返しは、実践のビジネスシーンでも必ず役立つので、新人のうちに「相談上手」を目指しましょう。

ダメージは最小限にとどめる

ミスはごまかさずに**すぐ報告**

新人にミスはつきもの。そのあとの行動が大切！

新人は必ずミスをします。どんな優秀な人でもです。むしろ、ミスをしてからが正念場。上の3ヵ条を守り、どのように対処し、同じミスを予防するかを周りは見ているからです。やってしまった！と思ったら、恥ずかしいし怖いけれど、自分のミスをすぐに報告しなければなりません。誰もがミスを乗り越えて育ってきたのです。

CHECK ミスをしたときの**3ヵ条**

ミスをしたとしても守るべき大切な掟。同じミスをしないために経緯を書き出しておくのもおすすめ。

1 ごまかさない、隠さない

うその報告やごまかしは必ずバレます。一度ごまかすと問題は大きくなるだけなので、絶対にNG！

2 すぐに報告する

ミス、トラブルの対処はスピード第一。「自分で処理できるかも？」などと思わず、すぐに報告を。

3 同じミスをしない

ミスをカバーしてくれた人のためにも、自分の成長のためにも、同じミスをしてはいけません。

ミスの報告の仕方

1 結論　最初に「何が起きているか」を脚色や私感は盛り込まず、事実だけをシンプルに述べる。

2 原因　なぜそんなことが起きたのか、自分がやってしまったことを述べる。必要以上に卑下することもない。

3 対処　現在、どのような対策を行っているか、またはどうするつもりかという自分の考えを報告する。

4 謝罪　「このような事態になってしまって申し訳ございません」と最後に頭をきちんと下げて謝ろう。

トラブルになった場合は、
すべてが解決したときに**再度謝罪**

新人がやってしまいがちな

NG行動

- ✕ うそやごまかし
- ✕ 言い訳をする
- ✕ LINEで報告する
- ✕ 開き直る

POINT ミスをした日は反省を態度で示そう

- その日は決してはしゃがない
- 雑事を積極的に引き受ける
- できれば最後に帰る
- 最後にもう一度謝る

先輩が新人にイラッとした瞬間②

先輩の善意を「イラッ」に変えてしまうと、せっかく築いた信頼関係にヒビが!? うっかりやってしまう前に知っておきたい！

渡した資料やお金の入った封筒がデスクにぞんざいに置かれていた

→ 大切にすべきものを雑に扱うことで管理能力が問われる。重大な情報漏洩になりかねないから重要案件には関わらせたくないイメージ。

知らないのに明らかにわかったふりをする

→ あとで絶対に（もしくは話している途中でも）わかってしまう、知ったかぶり。わからないことはすぐに聞く素直な態度が好印象。

何度もデスクにきては細かい質問をする。まとめて質問してくれればいいのに

→ 席にいる＝話しかけてOKではない。電話と同様、「今よろしいですか？」の確認を忘れず、できるだけ時間を取らせない工夫を。

「新人だから」「まだ未熟なんで」という姿勢でプロ意識がない

→ 新人でも会社の一員であり、社外の相手にとっては会社の代表。特にお金を払ってくれているお客様には絶対に言ってはいけない言葉。

新人を言い訳にしてへりくだっているように見えて、実は手抜きをしている

→ 新人は力をつけるべき時期。全力で取り組むからこそ実力がつき、評価につながる。期待されないと面白い仕事もさせてもらえない！

CHAPTER_06

可愛がられる部下になる

先輩や仲間に可愛がられ、うまくつき合える。
「可愛がられ力」は、社内外において
仕事を円滑に運ぶための重要な技術。

CHAPTER_06

職場でのつき合い①

日常のコミュニケーションスキルをアップ

雑談力を身につける

社会人は幅広い年代の人たちとのコミュニケーション力が求められる

↓

社内外で雑談力は必要なスキル

たわいもない会話

↓

共感が生まれる

↓

どんな相手とも

人間同士の距離が縮まる

雑談力が身につけば人との距離が近づく

雑談を上手にできると「共感」が増え、人と人の心理的な距離が近づきます。プライベートなシーンで先輩が聞いてくれたこと、取引先が自分に興味を持ってくれた質問に対し、会話をふくらませて返事をできるようになるのが雑談力です。幅広い年代の人と楽しく会話をしてスキルを磨き、可愛がられる新人になりましょう。

雑談のきっかけを見つける方法

質問をしたり、話をふくらませるのは「あなたに興味があります」というサイン。相手にとって嬉しいことだから、ちょっとの努力も惜しまないで。

1 変化を言葉にしてみよう！

例 休み明け、日焼けしている上司がいたら……

運動会だったんですか？

夏休みでしたよね。
どちらか行かれたんですか？

※ほかにも、持ち物、季節・気温、
職場で目に入るものなどの変化も
会話のきっかけになります

2 先輩の言葉を広げよう

例 「ゴルフやってるんだけどさ」

○ 僕もやってみたいと思っているんですが

○ 月に何回くらい行かれるんですか？

× そうなんですか
（会話が終わってしまう）

× ゴルフやってるんですね
（オウム返しはバカにしている印象）

上司や先輩に誘われたら

学ぶこと、得るものも意外と多い

新人のうちは公式の飲み会はもちろん、突発的な場合も**できるだけ参加**しよう

飲み会のメリット

- ためになる話を聞くことができる
- 上司や先輩の職場とは違う顔を知ることができる
- 仕事哲学などを学べる
- 取引先やクライアントとは
  距離が近づき、仕事もスムーズに
- 普段話さない人と交流でき、人脈作りになる

知らない人が多く、社内事情もわからない新人時代は、勤務時間外で知ること、学ぶことも多い

勤務時間中では足りない深い話を聞ける時間

飲み会の参加や上司とのプライベートな食事の誘い。体は疲れているし、自分の時間もほしい……「飲み会なんて行きたくない」と思うかもしれません。でも、勤務時間外のおつき合いでは、先輩の仕事哲学や意外な一面を知ることができます。ただうなずいて聞いているだけでなく、自分のことを話したり、質問するのも忘れずに。

ここでも新人は初動が大事！

飲み会でのふるまい

会社を出ても新人は新人。仕事同様にてきぱきと動き、同時に会話を楽しむという両立ができると、「デキる新人」と思ってもらえ、評価につながることも。

- 必ず下座に座る
- 注文を取りまとめる
- お酒はなるべく注ぐ
- 料理を取り分ける
（苦手な人もいるので確認）
- 積極的に会話に参加する
- 「無礼講」と言われても
真に受けず、節度をもって
- 誰かが挨拶をしているときは
体を向けて静かに聴く

POINT カドがたたない断り方

行きたい気持ちを伝え、行けない理由は明確に！

1 **行きたい気持ち** 「とても行きたいのですが」

2 **理由** 「家族の体調が悪いので」

3 **お礼** 「誘ってくださってありがとうございます。
また誘ってください」

歓迎会&幹事のマナー

仕事の実力も見られてしまう

歓迎会を開いてもらったら

→ コミュニケーション力を見られます！

新人歓迎会は単なる飲み会ではなく、先輩たちは新人に興味津々……つまり、自分の性格や個性を知ってもらう格好の場！　歓迎会は一度きり。「その場の全員と話す」を自分へのミッションに。

決まったら

- いきなりの欠席はありえない
- 自己紹介で言うことを準備 (P.72参照)

当日

- 遅れずに会場へ
- ひとりひとり、全員と挨拶し、会話することを目標に
- 酔いすぎないようコントロール
- 帰りにはしっかりとお礼を言う

翌日

- 幹事と上司には改めてお礼を言う
- お酒の席の雰囲気を切り替えて、張り切って仕事をする

幹事を任されたら

→ マネジメント力を見られます！

歓迎会以降は、新人に飲み会の幹事を任されることが増えるはず。
これも実は仕事修業の一環。仕事同様、真剣に取り組もう。

決まったら

- 日程を調整する
- 参加人数の確認（誰から声をかけるか）
- 店の予約（予算と相談。参加者のアレルギーの有無も確認）
- 会の流れを決める（スピーチを頼むなど）
- 席順を決める
- 二次会を決める
- 必要なら花束などの手配

※いずれもわからない場合は
先輩に相談する

当日

- 会計のとりまとめをする
- オーダーをまとめて注文する
- みんなが楽しんでいるか気を配る。
  具合の悪そうな人や、会話に参加していない人には声をかける

翌日

- お金を多く払ってくれた先輩や上司に改めてお礼を言う

パワハラ・モラハラにあったら

教育の域を超えてるかも?

パワハラ、モラハラってそもそも何?

パワハラとは……

パワーハラスメントの略。職場内の優位性を背景に、仕事の適正な範囲を越えて、精神的·身体的な苦痛を与える行為のこと。上司や雇用主が行う場合が多い。教育との線引きが難しく、近年、社会問題化している。

上司 → 部下
取引先 → 営業
雇用主 → 雇用者

などの力関係において起こるもの

モラハラとは……

モラルハラスメントの略。仕事の立場とは無関係。部下が集団で上司を無視したり、同期内のいじめもこれに含まれる。暴力というより、陰口、無視、誹《ひ》謗《ぼう》中傷といった言葉や態度で人を傷つける、精神的なもの。

上司 ↔ 部下
雇用主 ↔ 雇用者
同期 ↔ 同期

どんな関係でも起こりえる

教育がいつのまにか……早めに立ち止まって考える

会社の人間関係の中には、残念ながらよからぬものもあります。新人の場合、上司や先輩から教育されている立場なので、それがエスカレートし、パワハラになっていることがあります。怖いのは、上司も、されている自分も気づいていない場合があること。自分を追い詰めて心身を病む前に、担当部署などに相談して改善を。

もしかしてパワハラ？ と思ったら

自分のことでも、周りの人のことでも、「これは教育を超えている」と思うような場合があれば、立ち止まって考えてみましょう。

対処の流れ

教育かパワハラか、もう一度考えてみよう

ひと世代上の上司は、自分が厳しく育てられてきただけに、パワハラと教育の境界が曖昧。「相手を思っての行動か」を基準に判断を。

↓

担当部署に相談する

大きい会社なら総務・人事などに担当の部署があることが多い。具体的にどのようなことが起きたのか、感情を交えず説明しよう。

↓

専門機関に相談する

会社が動いてくれない場合は、専門機関に相談を。ただし、会社に調査が入るなど、大ごとになることもあるので、その後の立場などもよく考えて慎重に行動して。

NG行動 これでパワハラは解決しない！

△ 社内の人に相談する

担当部署以外の先輩や同期に相談しても、あらぬ噂を流されたり、大げさになることも。

✕ SNSで吐き出す

匿名で投稿しても、誰が見ているかわからず、社内で噂になるケースも少なくない。

✕ 会社を辞めて解決しようとする

問題と向き合わずに辞めてしまうのは逃げるだけ。その前にできることはないか考えて。

一緒に成長していこう

同期は生涯つき合う貴重な仲間

同期入社のメンバーとは特別な絆があります。お互いの長所と短所を理解し、どちらかが会社を辞めない限り、失敗も成長も目の当たりにする仲になります。悩みを聞いてくれ、仕事のことも理解してくれる格好の相談相手にもなります。とはいえ、会社がつないでくれた縁であることを忘れず、ポジティブな関係を築きましょう。

同期は友だちではなく
会社がつないでくれた**仲間**

内定を受けてから研修や入社も同じタイミングの「同期」はほかの誰とも違う存在。縁を大事に、支え合おう。

同期は自己開示するのによい相手

仕事のストレス、悩みはため込んでいいことはなく、吐き出しは必要。ただ、同期は境遇が同じなので吐き出しやすいけれど、愚痴や悪口ばかりにならないように！

同じ境遇として、**悩み**や**愚痴**を吐き出しやすい
（吐き出すこと自体は悪いことではない）

↓

吐き出して空いたスペースは
ポジティブなことで埋めよう

気持ちがすっきりしたら、ポジティブな考えで締める。
会話の最後は「明日から頑張ろう！」など前向きに。

「自己開示」は社会人生活において重要！

自己分析に使われる「ジョハリの窓」。4つの窓は人によって大きさが違い、自分は知っていて他人が知らない「秘密の窓」は打ち明けることによって開かれ、自分は気づいていないけれど他人は知っている「盲点の窓」はほかの人の意見を聞くこと（フィードバック）によって開かれる。この2つの窓が開くことで自然と大きくなるのが「開放の窓」。本当の自分を開放することができ、人間関係が円滑になっていく。

ジョハリの窓

	自分は知っている	自分は知らない
他人は知っている	開放の窓（広げたい）	→ 盲点の窓
他人は知らない	↓ 秘密の窓	未知の窓

「自分」を整理して、開放の窓を広げよう
- 開放の窓…自分も周囲も知っている自分
- 盲点の窓…自分だけが気づいていない一面
- 秘密の窓…周囲に隠している自分
- 未知の窓…まだ誰も知らない自分

社内恋愛は慎重に

あと先を考えてから

社内恋愛をすると……

- 堂々とつき合えないことが多い
- 隠していても必ずバレるもの
- 噂の的になり、別れても気まずい
- 仕事でミスをすると「恋愛に夢中だから」という印象にとられがち
- 人事に影響することも

→ **デメリット**を考えよう

大人なのだから恋愛は自由。でも、その恋愛にどれほどデメリットがあるかを考えずに突っ走るのは社会人の行動ではありません。思慮深さと覚悟を持って！

どんな**影響**があるかを考えよう

絶対ダメではないけれど熟慮のうえで行動を！

大人の男女が集まっているのですから恋愛は起こりえます。以前は禁止としていた会社も少なくありませんでした。会社というパブリックな場にプライベートを持ち込むことになるからです。もしそうなったら人の倍、頑張るくらいの気持ちで。自分の恋愛が仕事や職場にどんな影響を及ぼすかを考えてから、行動しましょう。

CHAPTER_07

電話のマナー

電話は今も重要なコミュニケーションツール。
苦手な新人世代も多いけれど、
積極的に取り組んで慣れていこう。

電話中の姿勢と表情

しっかり"見えて"います！

電話の心構え

相手の番号が表示される携帯電話に慣れている世代にとって、知らない相手との電話は怖いもの。克服するには上手に対応し、成功体験を重ねていこう

電話の基本姿勢

新人ならではの元気のよさを

入社直後は、新人らしく「元気のよさ」を声に出す。自信なげな対応よりもよほど好印象

背筋を伸ばして姿勢よく

背筋が丸まっていると声がこもって聞き取りにくくなる。背筋は伸ばして声を通す

利き手側にメモを常備

メモは常備しておき、相手の名前などをすぐに書きとめられるよう机にスタンバイする

電話機は利き手の逆側に配置

受話器を持つのは利き手の反対で。利き手はメモをとったりするために空けておこう

「電話の向こう側」は意外なほど伝わる

ひじをつくなど **だらしない**姿勢

姿勢のだらしなさは声にも表れる。背を丸めてひじをついた姿勢は口の角度も変わるので如実。「だらしない話し方だな」と思われそう。

一回笑顔を作って **「笑《え》声《ごえ》」**で

一瞬のことだが、声を出す前に口角を上げ、笑顔になると「笑声」になる。声も少し張り気味で、高いトーンで明るく発声するようにしよう。

ながら電話

無意識のうちに受話器から口が離れるなどして、電話に集中していないことが相手に伝わってしまう。長い話でもきちんと向き合おう。

周囲の**ザワつき**

きちんと対応できていても、周囲が騒がしいと「落ち着きのない会社」という印象に。誰かが電話しているときは意識して静かにする。

苦手意識を克服するには一本でも多くの電話に対応

電話をとるのもかけるのも、最初は緊張するものです。ただし、上手にやりとりができれば自信につながるので、一本でも多くの電話に対応し、経験を重ねて覚えていくしかありません。

1年目の、特に5～6月までは少し高めのテンションでいいでしょう。わからないことが多いのは当たり前ですから、先方も「新人さんか」と気づけば、応援してくれるかもしれません。「イキのいい新人が入ったな」と思われるくらい元気よく対応してOKです。

仕事の第一歩をつまずかないために

新人は電話番から多くを学ぶ

新人が「電話をとる」理由

1 社内外のことを学べる

もっとも重要な理由はコレ。誰と誰が、どういう頻度で仕事をしているのか、皆が丁寧に対応している人はどこの誰なのか……。電話から得られる多くの情報を覚えよう。

CHECK 電話の取り次ぎをすることで得られること

- ☑ 実際に会ったときに印象がよくなる
- ☑ 爽やかに対応すれば「今年の新人はいいね」と会社の印象もアップ
- ☑ 取引先について、関わっている仕事について窺い知ることができる
- ☑ 取り次ぎ（P.122）やメモ（P.125参照）によって、先輩とのコミュニケーションが増える

2 ホウ・レン・ソウを実践

電話をとることで学びながら先輩たちをサポート。取り次ぐことでコミュニケーションが生まれ、不在ならメモを作成し、最適な連絡方法を考え、ホウ・レン・ソウを実践できる。

- ☑ 忙しい先輩の手を止めずに済む
- ☑ ホウ・レン・ソウの基本の第一歩を学べる

3 「電話が苦手」を克服できる

電話を苦手に感じる人は、数をこなして慣れるしかない。できるだけ場数を踏もう。また、ビジネスシーンの現場で「知らない人と話す」スキルを学ぶチャンス。

- ☑ 場数を踏むことで電話に慣れる
- ☑ 電話で多くの人と接することで、実際に対面して話すときの練習にもなる

電話は**会社の入り口**のひとつ。代表するつもりで**責任**ある受け答えをしよう

電話から得られる情報を身につけていこう

新人が電話をとる、という会社は多くあります。これは、人間関係を知り、部署の仕事全体を見てほしいという考えから。例えば、ある人に一日に何度も同じ相手から電話がかかってくれば、その人同士は今佳境の案件を進めているはず。相手が名乗ったら誰を呼び出すのか予想して名前をどんどん覚え、挨拶しましょう。実際会ったときに「いつも取り次いでくれている新人さんだね」となれば大成功。近い距離から人間関係をスタートできます。

新人らしい爽やかな第一声を

実際に電話をとってみよう

1 電話をとる

☑ 電話は1〜2コールで出るのがベストなタイミング

0コール	早すぎると相手が驚いてしまう
1〜2コール	ちょうどいいタイミング
3〜4コール	第一声を「お待たせいたしました」に
5コール以上	通常あってはいけない長さ。 第一声を「大変お待たせいたしました」に

※1コールは約3秒。
人は10秒待たされるとイラッとし始めるといわれている

☑ 第一声からメモができるよう利き手でペンを持ちながら受話器をとる

相手はすぐに名乗るため、書きとめられるよう受話器をとるのとメモのペンを持つのは同時進行で。メモは、電話が途切れてしまった場合にも役立つので必ずとる。

電話が鳴ったら反射的にメモを準備して手を伸ばす

電話を受ける最初のステップは、タイミングとメモの準備。早ければいいわけではなく、ひと呼吸置いてからが最適です。そのひと呼吸の間に、すぐに相手の社名と名前をメモできるよう、あらかじめ用意しておいた筆記用具を手にとります。そのためにも、電話を利き手の反対側に置いておくのは必須。よどみない動きをマスター！

2 第一声は「はい！ ○○○○です」

- ○○○○は社名のみなのか、部署名まで名乗るのか、慣例を先輩から聞いておこう
- 朝10:30頃までは、第一声を「おはようございます」にすると爽やかな印象に
- 内線の場合は部署名（名前）だけ名乗る
- 転送されてきた電話は、内線に対応したあと、「お電話かわりました」に続けて部署名から名乗る

POINT

- 電話相手だけではなくオフィス内の先輩も聞いている
- 最初の元気な「はい！」で張り切っている気持ちを表現
- 営業電話などでも、丁寧に対応。どんな電話もぞんざいな話し方は絶対にNG

NG

ビジネスシーンで「もしもし」は使いません

「もしもし」は電話の黎明期《れいめいき》、聞こえづらいときに使った言葉の名残で「申し申し」の略。電話が聞こえにくいとき以外は、ビジネスの挨拶では使わない。

「いつもお世話になっております」は慣用句

会社の代表という意識を

3 電話相手が名乗ったら

☑ 復唱し、メモをとる

相手 「○○○社の○○です」

自分 「○○○社の○○様でいらっしゃいますね。いつも大変お世話になっております」

「いつもお世話になっております」は典型的なビジネス慣用句です

会ったこともない人になぜ「いつも」と言うのか迷う人も多いはず。これは会社がいつもお世話になっている、という意味で使われる慣用句。もちろん、初めて話す新人が使うのもOK。

相手が名乗らなかったら？

まったく名乗らない場合

→ 「大変恐れ入りますが、御社名とお名前をうかがってもよろしいでしょうか」

名前のみの場合

→ 「○○様、差し支えなければ御社名をうかがってもよろしいでしょうか」

☑ 申し訳なさそうな声でうかがうのもポイント

名乗られたがよく聞き取れなかったら?

→「大変恐れ入りますが、もう一度御社名(またはお名前、両方)をうかがってもよろしいですか?」

- ☑「お電話が遠いようなのですが……」は相手の周囲がさわがしくて聞き取りにくいときに使う。向こうは聞き取りやすく話してくれるはず
- ☑ 何度も聞き返すことはしない
- ☑ 社名はあらかじめ知っておくと聞き取りやすいので、取引先一覧などがあれば一読しておくと安心

6月頃まではたどたどしい対応も「新人だから」と**許される**部分もあるが、**誠意ある態度**だけは忘れずに

「自分は新人だから知らなくて当然」という態度や、何度も対応している相手に毎回初めてのような言い方の挨拶をするのはNG!

4 復唱し、担当者に取り次ぐ

相手「○○様、いらっしゃいますか?」

自分「○○でございますね。少々お待ちくださいませ」

- ☑ 必ず保留にしてから取り次ぐこと

NG 受話器を手で覆うくらいでは、声は聞こえてしまう

電話の名指し人が不在の場合

「いない」で電話は終わらない

5 不在の場合は必ず代替案を

名指しされた担当者が不在の場合、どう対処するかを必ず提案。「不在でスムーズにいかず申し訳ない」という気持ちを声色ににじませよう。

基本の流れ

「お待たせいたしました」
↓
名指し人の不在状況
↓
取り次げないお詫び
↓
代替案の提案

例

「大変お待たせいたしました。〇〇はただいま外出しておりまして、〇時に戻る予定になっております。申し訳ございませんが、こちらからお電話を折り返しましょうか？」

POINT “不在状況”をどう伝えるか

外出　席をはずしている　会議中
打ち合わせ中　休暇中

- 休んでいる場合は
「本日は終日不在にしております」

- 12〜13時以外で
食事に出ている場合は
「外出」と言う

「お休みをいただいております」と言うのが慣例である会社も。プライベートな休みや昼休憩がずれた場合はあまり公言しないでおこう。

代替案を出そう

A 「戻り次第、こちらから折り返させます」がもっとも一般的

（担当者から指示がないかぎり、携帯電話の番号は教えない）

いちばん親切なのは戻り次第、担当者から連絡を入れるようにことづけること。先方からは遠慮して言えないことも多いので、こちらから切り出すのがマナー。

折り返すことになったら、電話番号を聞く

→ 「念のため電話番号をお聞かせ願えますか？」が慣用句

「念のため」には、「担当者は存じ上げているかとは思いますが、念のため教えてほしい」というニュアンスが含まれる。

B 「わたくしでよろしければご伝言を承りますが」

折り返しの電話が不要の場合や、何度も電話がある場合は、伝言を提案。「わたくしでよろしければ」は自分がへりくだった表現。

C 「△△でしたらおりますが、おつなぎいたしましょうか」

先方の社名から、どの案件か推察できた場合は、チームのほかのメンバーや同じ仕事をしている担当者がいることを提案するのもOK。

POINT 電話番号は区切って復唱しよう

電話番号などを教えるときは間違いがおきないよう、部分的に繰り返すのがマナー。聞き取る側も、例えば「03の」と聞いたら即座に「03の」と繰り返す。電話番号なら3パートに分けて復唱し、最後に「復唱させていただきます」と03から通して復唱する。1と8など聞き分けにくい数字は特に注意。メールアドレスなども同様に、復唱しながら確認しよう。

6 最後にまとめて復唱し、内容を確認する

「それでは、○○が戻りましたら、
◎◎様に電話をするように申し伝えます」

「午後1時のお約束をキャンセルとのこと、
必ず○○に申し伝えます」

- ☑ このとき、数字の聞き間違いによる
トラブルが起きないよう、
13時を午後1時と言い換えるなどの工夫を
- ☑ 最後に自分の名前を名乗る。
「わたくし、●●が承りました」

不在の対応をどうするかが決まり、連絡先などを聞いたら、最後に間違いがないかを確認しよう。自分の確認になるだけでなく、相手も「わかっているな」と安心できる。

7 そっと電話を切る

指でフックを押す
↓
そっと受話器を置く

電話はかけたほうから切るのが基本のマナー。だが、万一つながっていることを考え、電話を切るときは丁寧に。ただし、相手が目上の人やお客様の場合は、相手が切るのを待つ。この場合も念のため同様にそっと切る。指で静かにフックを押してから受話器を置くとよい。

ここまでの一連の流れは、とても重要な仕事なので、
同期同士でロールプレイングしてみても。

CHECK 伝言メモの作り方

伝言メモが紛失しただけで担当者の信頼が失われたり、大きな損失が出ることもありえる。正確な内容を確実に伝えよう。メモ自体は部署にあるフォーマットを使って。

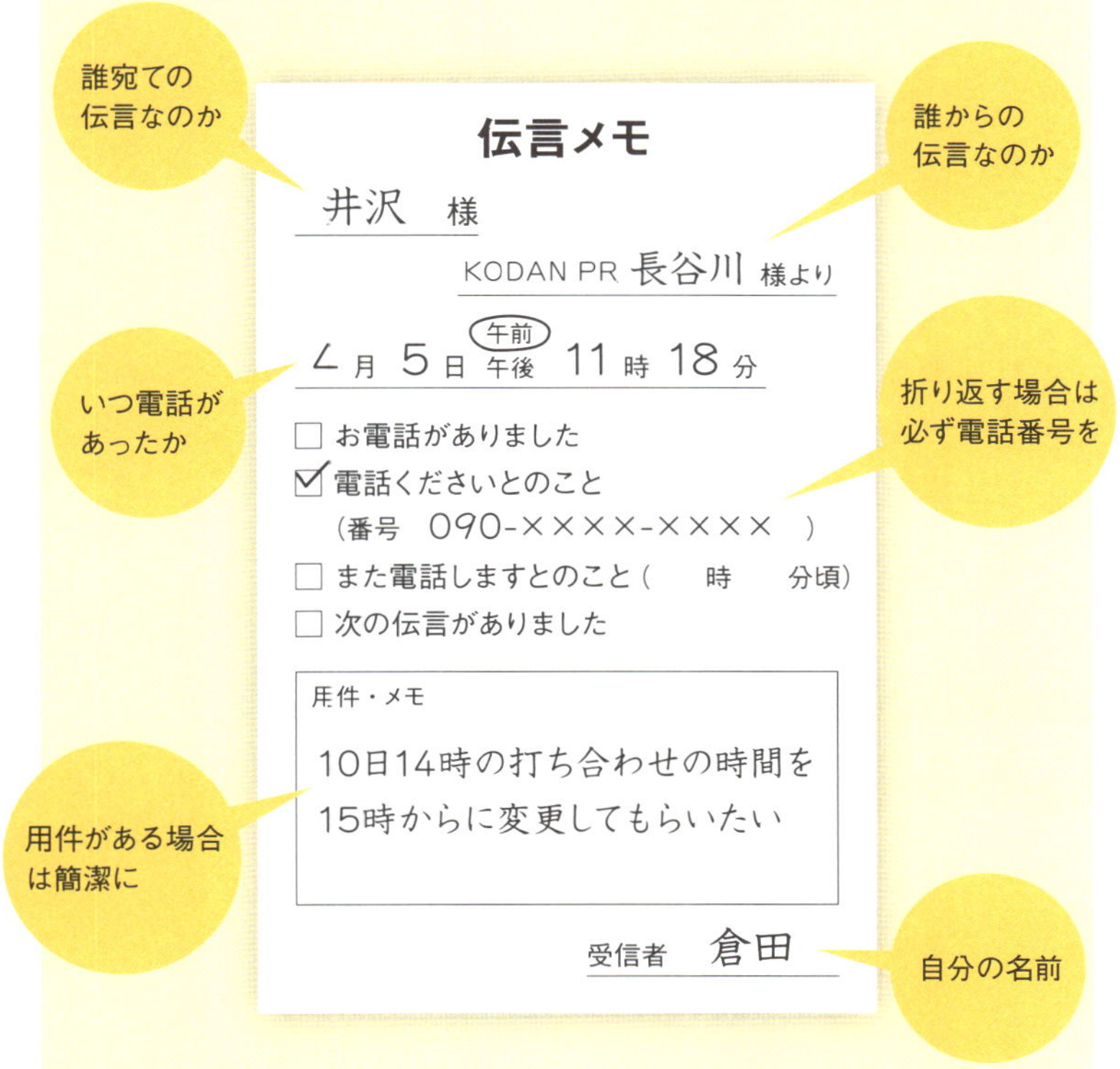

誰宛ての伝言なのか
伝言メモ
井沢 様
誰からの伝言なのか
KODAN PR 長谷川 様より
いつ電話があったか
4 月 5 日 午前 午後 11 時 18 分
折り返す場合は必ず電話番号を
□ お電話がありました
☑ 電話くださいとのこと
（番号 090-××××-×××× ）
□ また電話しますとのこと（ 時 分頃）
□ 次の伝言がありました
用件・メモ
10日14時の打ち合わせの時間を15時からに変更してもらいたい
用件がある場合は簡潔に
受信者 倉田
自分の名前

- ☑ 伝言メモは必ず目に入るよう机の目立つ場所に置く
- ☑ 置くだけでなく、戻ってきたら声をかける
- ☑ 伝言メモ用紙は所定のものがなければ、裏紙などで作る

電話してから慌てないために

慣れるまでは**準備**をしてから

電話をかける前に

電話できちんと話すことに慣れていないと、慌ててしまって相手に「それで、何が言いたいんだ？」と思われることも。話すことの順番を整理してから電話をかけよう。

1 話す内容を整理する

- **目的（話の着地点）は何か**
  例 ご挨拶にうかがうためのアポイントをとる
- **何を伝えたいのか**
  例 入社の挨拶をしたい
- **話す順番はどうするか**
  例 自己紹介 → ご挨拶 → お願い → アポイント
- **アポイントの候補日**
  例 日程をいくつか出しておこう

慣れるまでは**「話すことリスト」**を作り、順番も書いておこう

話すことを書いておけば
緊張して慌てても大丈夫

電話は受けるだけでなく、かけるのも緊張するものです。知らない相手ならなおさら。慌てると混乱してしまうので、最初のうちはメモを作って電話するのがおすすめです。１本の電話でそこまで？と思うかもしれませんが、何も準備せずに電話するよりも、落ち着いて話すことができます。最初のうちは取り入れてみてください。

2 電話をかけてよい時間かを確認

相手の都合を考えてかける時間を決めよう。毎日電話していつも留守の相手なら時間を変えるなど、工夫と予想をするのも大切。

- **お昼休みは休憩時間なので避ける**
- **早朝、深夜は論外**
- **業種によって忙しい時間ではないか、想像してみる**

3 机の上にメモなどを準備する

電話で何か説明をする場合は、とっさの質問にも答えられるよう、資料も用意しておく。聞かれてからガサゴソ取り出すのは時間のロスに。

相手の時間に割り込んでいるという意識を

時間を無駄にせず簡潔に

電話をかける流れ

いよいよ電話をかけてみよう。電話は相手の時間に事前の許可をとることなくかけるもの。こちらは準備万端でも、相手がどんな状況かわからずにかけていることを自覚して。

1 相手が出たら**ゆっくり**と聞き取りやすく、社名と名前を名乗る

わたくし、〇〇〇の△△と申します。
いつもお世話になっております

「もう一度お願いします」と言われないよう、聞き取りやすく名乗る。必要なら部署名もつけよう。

2 目的の相手の**肩書と名前**を伝え、取り次いでもらう

営業部の◎◎様へお取り次ぎをお願いできますか？

直通番号でなければ部署名をつける。担当者がわからない場合は「〇〇の件のご担当の方を」。

3 再度名乗り、相手の時間に割り込んでいるので、**状況を確認**

わたくし、〇〇〇の△△と申します。
いつもお世話になっております。
今、お話しさせていただいてよろしいでしょうか
（または「お時間よろしいでしょうか」）

相手が出たらもう一度名乗る。次に、電話で話す時間をもらえるかどうか、必ず確認しよう。

4 **本題**の話をする

この4月より広報部に配属され、ご挨拶に……

「話すことリスト」をもとに、電話した目的の用件を話す。あらかじめ決めておいた着地点を目指そう。

POINT 不在の場合は伝言を残す。
折り返し電話をもらうのは相手に手間をかけるので、
最初は「またおかけします」が正解。
なかなかつかまらない場合は、
電話を取り次ぐ人の手間なので折り返しのお願いを。

5 話が終わったら、基本的にかけたほうが **最後の挨拶**を切り出す

では、失礼いたします

電話はかけた側から切るのが基本のマナー。最後の挨拶も基本的にかけたほうが切り出すのがいい。

6 挨拶を終えたらひと呼吸置き、電話を**静かに切る**

(P.124と同様にフックを指で押し、受話器をそっと置く)

いくら丁寧に話せても、「ガチャン」と切ったら印象は台無し。音がしないよう、そっと切ること。

スマホのマナー❶

依存気味の人は要注意

仕事とプライベートはきっちり分ける

スマホ使用の大前提

○ 支給されたものを仕事で使うのはもちろんOK

✕ 勤務時間中にプライベートなスマホをいじるのはNG
（先輩が使っていてもはじめのうちは遠慮しよう）

電話を多く使う業種などではスマホが支給されることもあるが当然プライベート利用はしない。また、私用のスマホは、勤務時間中は出さないのがマナー。

CHECK

- ☑ スマホの使用については会社によって大きく異なるので先輩に指示を仰ぐのが正解
- ☑ 同じオフィスでも外勤はOK、内勤はNGなど違う場合も。自分で判断せず、先輩に聞いて確認を

ビジネスでは会社の固定電話を使うのが基本

※ただし、これからは固定電話を廃止し、支給されたスマホや携帯電話のみを使うケースも増えそう。ケースバイケースなので状況を見極めて判断するのが望ましい

「先輩がやってるから」と勝手な判断はしないこと

特に新人世代にはなくてはならないスマホ。依存気味の人にとっては、勤務中も気になって仕方がないでしょう。歴史の浅いスマホのマナーはまだ確立されていません。各オフィスで先輩たちがどうしているかにならうのがベスト。ただし、「先輩がやっているからＯＫ」と勝手に判断するのではなく、改めて聞いてみましょう。

NG行動 携帯電話・スマホのマナー違反

スマホの価値観は世代間ギャップが大きいもの。悪気なく、同世代なら当たり前の行動もマナー違反かもしれない!?

何でもすぐに携帯電話に連絡。またはLINEに送る

思いついたらすぐ連絡、は×。多くの案件を抱えている相手には、本当に急ぎの場合だけ連絡する。

24時間連絡OKだと思っている

「寝ていれば出ない（見ない）」と勝手に判断しないこと。そこまで急を要する連絡なのか考えて。

打ち合わせや会議中もスマホを出している

急ぎの連絡が入る予定があるなら、その旨を断って出す。それ以外は鳴らないように設定する。

先輩との食事中にスマホをいじる

食事中のスマホはマナー違反。たとえ先輩がいじっていても、新人はぐっと我慢。会話を大切に。

出るか出ないか、それが問題

携帯電話をかける／受ける

自分がかける／受ける

- **外で大きな声で話すのは公共マナー違反**

  自分が外にいる場合、公共の場所で大声を出すのは、基本的にどこでも周囲に迷惑。どうしてもするなら小声で。

- **自分も相手もどちらも聞き取りにくい場所では✕**

  どちらかが騒音が多かったり、電波が悪い場所にいるならかけ直す。聞き間違いによるトラブルの原因にも。

- **電車の中など交通機関内で無理して出ない**

  交通機関の中では電話の通話は禁じられている。出られずに気になるなら、そのあとにメールで連絡すればいい。

- **お金の話や新企画について話さない**

  誰が聞いているかわからないのだから、社外秘の案件などについて外では絶対話さないこと。メールで連絡を！

周りに話が聞こえないよう受話器を手で覆ってしゃべる

外出の多い業種なら、スマホ（携帯電話）はとても便利。ただし、パブリックスペースで使うからこそ、さまざまな注意が必要です。電話をするなら受話器を手で覆い、会話の内容ができるだけ漏れないように気を配りましょう。大声だと周囲の人にとって耳障りなだけでなく、コンプライアンス違反になることもあります。

相手の携帯電話・スマホにかける

- **まずは固定電話にかけ、指示があったり、既に番号を知っていれば携帯電話に**
  (ただし、携帯電話でのやりとりを好む相手も)

  いつも携帯電話からかけてくる相手など携帯でのやりとりが多い相手は最初だけ許可をとり、あとは直接携帯に。

- **緊急と判断した場合は、最初から携帯電話にかけてOK**

  緊急で連絡したいことがある場合は、携帯電話にかける。出なければ固定電話にかけ、出た人に相談しよう。

CHECK

留守番電話にメッセージを残す

聞いた相手が迷わずにリアクションできることが大切。挨拶もダラダラ長く話さないこと！

- ☑ 聞いた相手がどうしたらいいかを明確にしよう
- ☑ 簡潔に話せるよう、考えてから入れ直しても

例 **「○時頃またお電話します」** → 相手は電話を待てばよい

「××の件で、お手すきのときに折り返しお電話いただけると幸いです。念のため、わたくしの電話番号は……」

→ 相手は電話をすればいいだけ。
簡単に案件も添えれば相手も準備をしてから折り返せる

「明日の打ち合わせの場所は××になりました。メールで詳細をお送りします」

→ 相手はメールを見て、メールで返事をすればよい

とにかく短く、簡潔に！

スマホ・携帯電話のビジネスマナーQ&A

まだまだ曖昧です

Q 着信があったのに留守電メッセージは入っていない。折り返すべき？

A 会社から持たされている携帯なら必ず折り返します

会社から持たされた携帯番号はオフィシャル。知らない番号でも折り返す。私用携帯なら相手によって判断を。

Q 名刺に携帯番号が書かれているのはいつでもかけていいということ？

A いいえ。まずは固定電話にかけて、了解を得ましょう

緊急の用件でも、必ず一度は固定電話にかけて確認をとろう。ショートメールなども最初は確認が必要と思って。

Q いくら待っても出ない。ずっと鳴らしてもよい？

A 相手の状況はわかりません。5回までにしましょう

出られる状況なら5回以内で出ているはず。留守番電話に設定していない人もいるので、待ちすぎないのがベター。

Q 会議や打ち合わせ中は バイブレーターのマナーモードならOK?

A **バイブ音も響きます。機内モードか電源オフに**

バイブ音も気まずいもの。出ずにいると「電話をスルーする人」というイメージにもつながるのでコール音もバイブ音も鳴らさないのがいちばん。

Q 打ち合わせ中に携帯電話が鳴ったので、慌てて切ってしまった!

A **「電話を邪険に切る人」というイメージがつくので注意**

電話相手に失礼なだけでなく、自分も同じことをされるかもしれない。あらかじめ切っておく習慣をつけて。

Q 会食中にどうしても出たい電話があるときは?

A **「1本だけ電話がかかってくることになっていて」と相手の許可を得て、終わったら電源を切りましょう**

電話に出るときは、いったん席を外して受ける。要件が終わって電源を切ったら、すぐにカバンにしまおう。

COLUMN 08

仕事でLINE、どう使う？

新人世代の生活に深く根づいたコミュニケーションツールといえばLINE。ビジネスでの利用も増えてきているけれど、スマホ以上にマナーは定着していません。こちらも社風によりますが、基本的には以下の注意事項を踏まえて使いましょう。

上司や先輩とのLINE

- ☑ 職種、職場などによってかなり違うので、見極めて使う
- ☑ 夜や週末は基本的に送らない。相手から送られてきたら対応する
- ☑ 返事はスタンプのみではなく、必ず文章を添えるのが礼儀
- ☑ 謝罪では決して使わない。口頭で謝ること
- ☑ 相手がしている ＝ 自分もOKと思わないこと

取引先とのLINE

- ☑ トラブルの種にもなりかねないので、特別な場合を除いて使わないのがベター
- ☑ 利用することになったら24時間、仕事の話が届くということを覚悟
- ☑ LINEのIDの交換を断るときは「会社の規定で」などと言おう

※LINEは今やかなり一般的になり、便利なものですが、それも使い方次第。上司や先輩、取引先であっても、自分の意に反した無理な対応をする必要はありません。お互い節度を持って、気持ちよく使える関係を築きましょう

CHAPTER_08

ビジネスメールのマナー

ビジネスシーンで、メールはなくてはならないもの。
用件を上手に伝え、
しかも好感度が上がるメール術とは？

ビジネスメールを使いこなす

メールは仕事のコミュニケーションの基本！

ビジネスでのやりとりの多くは
メールで行われている

↓

わかりやすく、感じのいい
メールの書き方を覚えよう

CHECK

コミュニケーションツールとしては歴史が浅いのでマナーは不確定なところも。状況をみながら自分なりの「いいメール」を日々更新していこう。

学生時代の
“友だちメール”との違い

- 用件を伝えるだけではなく、相手の利用環境や相手の視点に立った書き方をしよう
- 定型の挨拶や慣用句を交えて礼を尽くす

メール上手になれば仕事はもっとはかどる

現在は、仕事上の多くのやりとりがメールによって行われています。一日にやりとりするメールの量は仕事を任されるごとに増えていくでしょう。相手に用件をわかりやすく伝え、自分も手早く感じのいいメールを書けるようになるのは、大きな効率化につながります。まずはメールの性質を理解するところから始めましょう。

メールのメリット・デメリットを理解しておこう

ビジネスコミュニケーションツールとしてのメールには
どんな特性があるかを知ろう。

メールのメリット

- 瞬時に届けることができる
- 送信履歴・記録が残る
- 一斉に複数の相手に送ることができる
- 直接届き、ほかの人の目に触れない
- 数字や固有名詞を正確に伝えられる
- 資料を添付できる

できることは郵便やファックスに近いが、瞬時に届くのが特徴。ダイレクトに先方に届くため、秘密も守られる。添付については、クラウドで共有する形も増えている。

メールのデメリット

- いつ読まれるかわからない
- 書き方を間違えた場合に誤解を招く恐れがあり、すぐにフォローできない
- 一度送付したらずっと残る

相手がいつ見るかわからないので、即答が欲しい場合や微妙なニュアンスを伝えたり、確認したい場合は電話を使おう。

メールの構成を知ろう

思いつくまま書くのはNG

ビジネスメールの構成を知る

メールには大きく分けて5つの要素があります。そのつど考えるのは件名と本文。署名は思っている以上に重要。あらかじめ、先輩に教わりながら作っておきましょう。

メールの5要素

宛先：	古賀奈美栄様 [n_koga@***.co.jp] 長谷川陸様 [r_hasegawa@***.co.jp]	1 宛先
送信者：	寺内雄太 [yuta-terauchi@***.co.jp]	2 送信者
CC：	片山貴久 [takahisa-katayama@***.co.jp]	
件名：	試食イベントデザインについて（オトワール寺内）	3 件名

KODAN PR
古賀部長、長谷川様
（cc：弊社片山）

いつもお世話になっております。
オトワール寺内です。

表題の件……

それでは、どうぞよろしくお願いいたします。

4 本文

=================================

株式会社オトワール　マーケティング局広報部
寺内雄太
〒112-00XX　東京都文京区音羽2-12-21
TEL:03-1234-5678 FAX:03-1234-5679
yuta-terauchi@***.co.jp　http://***.co.jp

5 署名

メールの構成や言い回しはどんどんまねていこう

ビジネスメールは用件さえ伝わればいいというものではありません。メールの中にいくつかの要素があり、それぞれに相手を気遣うポイントがあります。それを押さえることで、コミュニケーションが円滑になっていくのです。受け取ったメールや先輩のメールを見て、どんどんいいところをまねて取り入れるのもいいでしょう。

1 宛先 相手（受信者）のメールアドレス

連絡先に登録した名前がそのまま相手にも見えるので、「様」をつけるなどしよう。あだ名や特徴などは絶対に入れないこと！

POINT CCとBCCを使いこなす

CC（カーボンコピー）は同時に送る相手のこと。返信する場合は、基本的にそのまま全員に返信するのがマナー。BCC（ブラインドカーボンコピー）はほかの送信相手には見えないので、メーリングリストの一斉送信などに使う。

2 送信者 自分の名前とメールアドレス（自動入力）

あなたの名前が入る部分。ほかの社員と同じスタイルになっているので、基本的に会社が設定しているまま使うのが正解。

3 件名 メールの内容についてのタイトル （詳しくはP.142）

何の件についてなのかを書く部分。内容がすでに別の要件に移ったら、新しい件名に変えて書き直す。

4 本文 挨拶＋内容 （詳しくはP.144）

メールの主体。感じよく、わかりやすく書き上げたい。また、送ってしまったら訂正は不可能。送る前に必ず読み返すことを習慣づけよう。

5 署名 送信者についての情報 （詳しくはP.150）

名刺代わりになる内容がベスト。メールに書いてあればすぐに検索ができるので、名刺を探すよりもスムーズ。

すぐ開きたくなる**件名**をつける

相手が読みたい気持ちになる

メールの件名はとても重要です

↓

多くのメールの中から特に、
ひと目で内容がわかる、
“開きたくなる”件名に！

CHECK 「あの件のことね！」とすぐにわかる件名を

- ☑ **何についてのメールか明確に** タイトルに案件名をわかりやすく入れる。キーワードを共通認識できるようにしよう。
- ☑ **コンパクトにまとめる** 長すぎるとひと目で最後まで見ることができない。最後の一文字までひと目でわかるように。
- ☑ **最後に送信者の名前を入れる** 担当者名が入っていると案件が明確。同じ会社の複数の人と仕事が進んでいる場合にも便利。

例 **新型ケトルPRの件／オトワール倉田**
【連絡】会議日時の変更（片山）

受信箱で相手の目に留まる、
わかりやすい件名を

相手の受信箱にずらりと並ぶメールを想像してみて。漠然と「ご相談」といった件名だけでは埋もれてしまい、最悪、見逃されるかもしれません。また、「確認お願いします」「お久しぶりです」などはスパムメールによく使われる件名。迷惑メールと間違われる危険性があります。簡潔で、かつ内容が伝わる件名をつけましょう。

ここが違う！

よい件名とNG件名

具体的に件名を見比べてみよう。漠然としていたり、
なんだか偉そうな言い回しには注意が必要。

× お打ち合わせの件

○ △△社　新商品お打ち合わせの件

相手にとって打ち合わせはいくつもあることを想像する。社名や案件のキーワードを入れ、内容が打ち合わせの打診であることを明記。

× 【至急】DM内容のご確認

○ DM内容のご確認をお願いいたします

「至急」という言い方は命令。仕事相手には使ってはいけない。締め切りが急ぎならば、本文にその旨をはっきりと書いてお願いする。

× △△さん送別コンペの件

○ 【お誘い】 3/○（日） △△さん送別コンペ開催！

社内の連絡でもわかりやすい件名を。イベントの誘いなら、少しくだけた件名にして、楽しいイメージにすると差別化できる。

CHECK

☑ 基本的には、返信時に件名は変更しない

件名は触らずに返すのが現在の主流。相手がどのメールの返事なのかがすぐわかる（詳しくはP.148）。

☑ 返事がないときは【再送】などを使う

返事を催促するときは「念のため」のニュアンスで再送する。その際、マークをつけるとわかりやすい。

ぐっと伝わるメール本文の書き方

読む人の身になって読みやすく

読みたい気持ちにさせる本文とは

ビジネスメールでは、難しい印象になる長々とした挨拶は不要です。しかし、そっけなかったり、「上から」の印象にならない工夫を。

宛先：	古賀奈美栄様 [n_koga@***.co.jp] 長谷川陸様 [r_hasegawa@***.co.jp]
送信者：	寺内雄太 [yuta-terauchi@***.co.jp]
CC：	片山貴久 [takahisa-katayama@***.co.jp]
件名：	○○○ポスターデザイン　プレゼンの件

KODAN PR
古賀部長、長谷川様
（cc：弊社片山）
1 宛名

いつもお世話になっております。
オトワール寺内です。
2 挨拶

お打ち合わせの日時・場所につき
下記ご確認をお願いいいたします。
3 依頼（伝えたい）内容

・日程　6月17日（月）15:00〜
（16:30までに終了）

・場所　弊社3F　A会議室
東京都文京区音羽2-12-21
▼下記URLにて地図をご確認いただけます。
http://***.co.jp/access

・ご持参いただきたいもの　捺印したBの書類一式
4 箇条書き

では、不明点があればいつでもご連絡ください。
よいものができるように全力で頑張ります。
5 まとめ

まだまだ寒い日が続きますのでお風邪など
召されませんように。
6 締めの挨拶

=============================
株式会社オトワール
マーケティング局広報部
寺内雄太
〒112-00XX　東京都文京区音羽2-12-21
TEL:03-1234-5678 FAX:03-1234-5679
yuta-terauchi@***.co.jp
http://***.co.jp

1 宛名

最初のメールでは社名・部署名・個人名を明記する

メールの最初は宛名。初めて送る相手へのメールでは「株式会社」などをつけた正式な社名と名前を。やりとりが重なってきたら省略もOK。

2 挨拶

「お世話になっております」が慣用句

基本の挨拶は「（いつも）お世話になっております」が定番。朝早くなら「おはようございます」もあり。自分の名前も名乗っておこう。

3 依頼（伝えたい）内容

何をお願いしたいか、伝えたいかを簡潔に

今回メールを送る本題をわかりやすく、まずはここで宣言。同じ相手と別件でやりとりする場合は、メールを分けるのがベター。

4 箇条書き

ひとつひとつ確認しやすいようにまとめる

箇条書きは整理されて見え、相手も確認しやすい。このような連絡事項だけでなく、質問や相談ごとなども箇条書きにして書き出そう。

5 まとめ

そのあとどうリアクションしてほしいかを明確に

相手が次のアクションで迷わないように（迷うと確認メールをしなければならなくなる）、締め切りがある場合はここに明記する。

6 締めの挨拶

なくてもよいが、あると好印象な気遣いのひと言を

相手をねぎらうひと言があるとメールに温かみがでる。季節の話だけでなく、「個人的にもこの商品が楽しみ」など仕事にまつわる私感でも。

目に飛び込んでくるメールの体裁

メールは見た目も重要

読みやすい体裁を考えよう

開いた瞬間ぎっしりと文字が詰まっていたら、読む気が薄れるもの。メールには読みたくなる体裁とそうでない体裁があります。ひと目見て読みたくなるメールを作りましょう。

CHECK

読みやすいメールは「空間」が鍵

- 1行の文字数は30〜35文字

いちいち数える必要はないが、「これくらいが読みやすいかな？」という文章の切れ目で改行を入れよう。

- 長さはできるだけ1スクロールにまとめる

スクロールを何度もしても終わらないほど長いメールはNG。余計な部分を削ぎ、一画面に入るようにまとめる。

- 段落ごとに1行あけ、空間を作ろう

段落で1行あきを作ると、空間ができ、見やすいイメージに。数行書いたら段落ごとに1行あけよう。

- 漢字がぎっしり、にならないよう

漢字があまりにも多いと、重たい印象に。逆にひらがなが続くのも読みにくいのでバランスよく書こう。

最後に必ず**全体**を見てチェックする習慣をつけよう

気持ちが伝わる
メールのひと言挨拶

ビジネスメールでは手紙のような時候の挨拶は不要。だが、
共感することがあると相手との心理的な距離が縮まるので、
誰もが共有できる季節の挨拶を少し入れるのはおすすめ！

4月 桜も満開に近づき、春も本番ですね。

5月 若葉が眩しい季節になりました。

6月 今にも梅雨入りしそうですね。

7月 いよいよ夏本番です。

8月 厳しい暑さが続きますが体調など崩されていませんか？

9月 少しずつ涼しくなってきました。

10月 肌寒い日もありますね。

11月 コートを出す季節になりました。

12月 いよいよ師走ですね。本年も残りわずか、どうぞよろしくお願いします。

1月 新年を迎え、気持ちも新たによろしくお願いします。

2月 厳しい寒さですが風邪など召されていませんか？

3月 もうすぐまた新社会人が入ってきます。

POINT メールを味方につけて距離を縮めよう

- **近況を話す間柄なら、「この前の話」の続きを**

例 お子さんの運動会と伺いましたが、
いかがでしたか？

- **オンタイムの状況で共感を得るのはメールならでは**

例 すごい雨ですね。
弊社の窓の外は真っ暗です。

知っているようで知らない メールの返信・転送・添付のマナー

メールの返信ルール

スマートフォンの普及により、どこにいてもメールの確認ができる時代。スピード感のある返事が以前よりも期待されている。「受け取った」とだけでも必ず返事を。

POINT

- **できるだけ24時間以内に**
  今はどこでもメールを見られることが大前提。出先でも「あとでじっくり返事をします」という旨をさっと送る。

- **件名は基本的に変えない。ただし、「Re:」が自動でつく場合は調整を**
  件名ごとにメールがまとまって表示されるメーラーが主流になり、件名の変更をすると手間をかけることになる。

- **複数に送信されているものは基本的に「全員に返信」**
  CCに何名か入っている場合は、先方の社内の担当者など、知らない人がいても全員に返信。基本的に挨拶なしでOK。

- **インラインを使いこなす**
  一つひとつ確認して返信する場合は、メール内のコピーを流用したインライン返信を使うと間違いがない。

例

以下、インライン返信で失礼いたします。

＞次回のお打ち合わせの日程候補です。
＞ご都合いかがでしょうか。
＞4月○日（月）10時～
＞4月△日（火）11時～
＞4月×日（水）13時～

4月○日（月）10時～でお願いいたします。

＞弊社の○○を試食していただければと思っております。

楽しみにしております。

メールの転送ルール

POINT

- **件名・本文などは手を加えず「転送」であることを明確にしよう**

  本文だけでなく、件名もそのままにする。注釈を入れたい場合は「Fwd:」「Fw:」の前につけてわかりやすく。

- **第三者に見せてよいか迷ったら、送信者に相談しよう**

  他人に見せていいか少しでも迷ったら、必ず「弊社の担当者に確認させてもよろしいですか？」と確認しよう。

例

件名：　Fwd:【お誘い】「炊飯器X」の試食会を行います

中野くん

KODAN PRの古賀さんから
こんなお誘いを受けました。
ご一緒しませんか？

井沢
---------- 転送メッセージ ----------
From: 古賀奈美栄 <n_koga@***.co.jp>
日付: 20XX年X月XX日 20:00
件名:【お誘い】「炊飯器X」の試食会を行います
To: 井沢賢一郎様<kenichiro-izawa@***.co.jp>

メールの添付ルール

POINT

- **ファイルが大きい場合はストレージサービスを利用。ただし、なんでもストレージはNG**

  大きなファイルを添付で送るのは、送れない、時間がかかるなど事故の原因に。ストレージサービスを利用する。

- **相手のネット環境を考慮する**

  相手のパソコンで「開けないかも？」と思う種類のファイルはPDFに変換するなど、一度で見てもらえる工夫を。

メールの署名は名刺代わり

アドレスを支給されたらすぐ設定

ビジネスメールに署名は
必ずつけるのがマナー

↓

署名に**自分の情報**をまとめよう

1 囲み線
2 社名・部署名
3 名前
4 住所

==============================
株式会社オトワール
マーケティング局広報部
倉田聡美
〒112-00XX　東京都文京区音羽2-12-21
TEL:03-1234-5678
FAX:03-1234-5679
satomi-kurata@***.co.jp
http://***.co.jp
【お知らせ】オトワール公式YouTubeチャンネルが
開設されました！→YouTubeはコチラ

5 電話番号・FAX番号
6 ホームページのURL
7 お知らせ

名刺を探すより
すぐ見つかる連絡帳

メールの内容を確認したくて電話をしようとした場合、署名があれば一目瞭然で番号がわかります。もしなければ、イチから探さねばならず、また名刺が最新状態とは限りません。署名は、パソコンでの仕事が増えた現在、実は名刺よりも重宝。相手に負担をかけないよう、初日から署名を入れましょう。こちらも長すぎず、明確に！

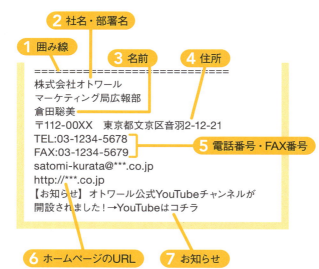

1	囲み線	ここから署名、とわかるように入れる。記号などを使うことが多いが飾りすぎには注意。
2	社名・部署名	相手が書類を作る際などにも使うかもしれないのでどちらも必ず正式名称を入れる。
3	名前	自分の名前を書く。珍しい読み方の場合などは(　)や／で区切ってふりがなやローマ字を。
4	住所	訪問時にココを見る人もいるので、必ず自分のオフィスの住所を書こう。
5	電話番号・FAX番号	代表・直通・内線などがある場合は明記すること。会社用の携帯があれば添えて。
6	ホームページのURL	会社のことを知ってもらえるだけでなく、きちんとした会社だという安心感を与えられる。
7	お知らせ	ちょっとした「知ってほしいこと」を書いておこう。ただし、宣伝しすぎはNG。

CHECK

自分の名刺だと思って作ろう

- ☑ 要素は名刺と同様
- ☑ 罫線などはシンプルに
- ☑ 必要に応じて複数を使い分けても

署名は自分の連絡先をまとめたもの、名刺と同様と考える。ただ、まめに変更できるので自分なりのデザインやニュースを入れよう。

ビジネスメールでよく使うフレーズ集

ビジネスメールには、ケースによってよく使うフレーズがあります。メール上手な人の文面から「いいな」と思ったものはどんどんまねをして取り入れましょう。

● 用件を承諾したとき

→ 「承知いたしました」「了承いたしました」
「かしこまりました」

● お願いをするとき

→ 「お忙しいところ恐縮ですが」
「誠に厚かましいお願いとは存じますが」

● 確認・検討をしてほしいとき

→ 「ご査収ください」
「ご確認のほど、よろしくお願いいたします」
「どうぞご検討よろしくお願いいたします」
「ご検討くださいますようお願い申し上げます」

● 返事が欲しい場合

→ 「お返事をいただければ幸いです」
「それでは、ご回答をお待ちしております」

● 返信が不要な場合

→ 「ご確認いただければ、ご返信は不要です」
「特に問題がなければ、ご返信には及びません」

● お礼を言うとき

→ 「深く感謝しております」
「感謝申し上げる次第です」
「深謝いたします」「おかげさまをもちまして」

断るとき

→「ご期待に添えず申し訳ございませんが」
「ご理解の上、ご容赦いただけますよう
お願い申し上げます」

まずは急いで用件を連絡したとき

→「取り急ぎ、ご連絡申し上げます」
「取り急ぎ、お知らせいたしました」

POINT

よく使うフレーズは単語登録するのもおすすめ

例 よろ → よろしくお願いいたします

CHECK 間違いやすい要注意フレーズ

✕「了解しました」 〇「承知いたしました」

✕「どういたしますか」 〇「いかがいたしますか」

✕御社 〇貴社 「御社」は話し言葉、「貴社」は書き言葉。正しく使い分けよう。

✕お取引先様各位 〇お取引先各位

✕「ご苦労様です」 ✕「お世話様です」
〇「お世話になっております」

先輩やいただいたメールから
どんどんフレーズを学ぼう！

メールでのミスを防ぐ

読み返し・確認もマナーのうち

メールでよくあるミスと対策

● 誤送信

ほかの人に送ってしまった

相手を間違えて送ってしまうのは、情報の漏洩にもつながる大問題。送る前に必ず宛先をチェックしよう。

● 内容のミス

間違えた内容をそのまま送信

単純な書き間違いの場合は、気づいたらすぐに訂正メールを。件名に【再送】【訂正】などを。見直しを徹底しよう。

● CCとBCCの間違い

相手の個人情報が漏れる大失態

一斉メールでBCCにし忘れると送った全員にアドレスが見えてしまう。個人情報の扱いに関わるので上司に報告。

● 送ったつもりが未送信

「未送信」「下書き」は整理整頓を

「送信」を押し忘れて放置。未送信や下書きのフォルダがいつも0になっていれば、「1」に気づきやすくなる。

● 添付ファイルのつけ忘れ

本文中に「添付」を入れておこう

本文中に「添付」という言葉が出てきて添付ファイルがない場合はアラートしてくれるメーラーも。「添付にて」などの文言を意識して織り込もう。

「送信」前のチェックを習慣にしよう

一瞬で届いてしまうメールのミスは取り返しがつきません。ケアレスミスを防ぐには、書き終えたあとに必ず読み返す習慣をつけること。宛名、件名、人名や数字は必ず、添付ファイルをつけたかどうかも確認しましょう。また、「読めない」「届かない」などのトラブルにならないよう、予防にも努めることが大事です。

重要なメールを送るときは

先輩に内容などをチェックしてもらう

重要なメールのミスは大きな問題に発展することもありえる。過信せず、前任者や上司にチェックしてもらうといい。

届いたかどうかを電話で確認する

特に重要なメールの場合は、送ったあと電話をし「今、お送りいたしました」と連絡しておいても。先方も安心感が生まれる。

CHECK 環境依存文字は文字化けの原因に

- ☑ ①②などの丸囲み数字 → 1.、(1)などとする。
- ☑ ㈱㈲など（）付きの漢字 → 「(」「株」「)」、と1文字ずつ打つ。
- ☑ ㎝、㎎などの単位記号 → 半角で「c」「m」と打つ。
- ☑ №、℡などの略記号 → ローマ字で「N」「o」「.」と打つ。

最近は随分減ってきた文字化け。しかし、まだ起こるのは環境依存文字を使ってしまった場合が多い。相手から来たメールが化けていた場合は、念のため、フォントを変えるなど工夫をし、それでもだめなら再送を依頼する。

COLUMN 09

一度投稿したら
取り消せないからこそ気をつけたい
SNSのマナー

学生時代からツイッターやフェイスブックなどのSNSをやっている新人世代は多いはず。社会人になってからも続ける場合、プライベートな投稿であっても気を遣うようにしよう。

投稿してはいけない!

● 未発表の商品やプロジェクト

新商品などの内容は会社の財産。発表までは絶対に広めない。発表されてからも、個人的な拡散は上司や責任者の判断を仰いでから。

● 会社の愚痴や人の噂

プライベートだと思って投稿しても、会社の人や取引先が見ていることは多い。誰かの耳に入れたくないことはあげないのが鉄則。

CHECK

社会人としては
プライベートな投稿にも要注意

☑ タイミングの悪い投稿がトラブルを招くことも

例えば、謝罪に向かう道中のプライベートな投稿を先方や上司、同僚が見たらどう思うか。自分の投稿内容やタイミングは熟慮してから投稿すること。

☑ 特にツイッターは、感情や気分で投稿しがちなので注意しよう

ツイッターはそのときの気分で反射的に投稿する人が多く、フォロワーに煽られて悪ノリしてしまうことも。ここでも必ずいったん考えてから投稿する習慣を。

つまり、SNSは覚悟を持ってやること!

CHAPTER_09

ビジネス文書のマナー

大きな契約の書類も、飲み会のお知らせも。
会社はさまざまな文書を介して動いている。
文書の作り方から送付までを学ぼう。

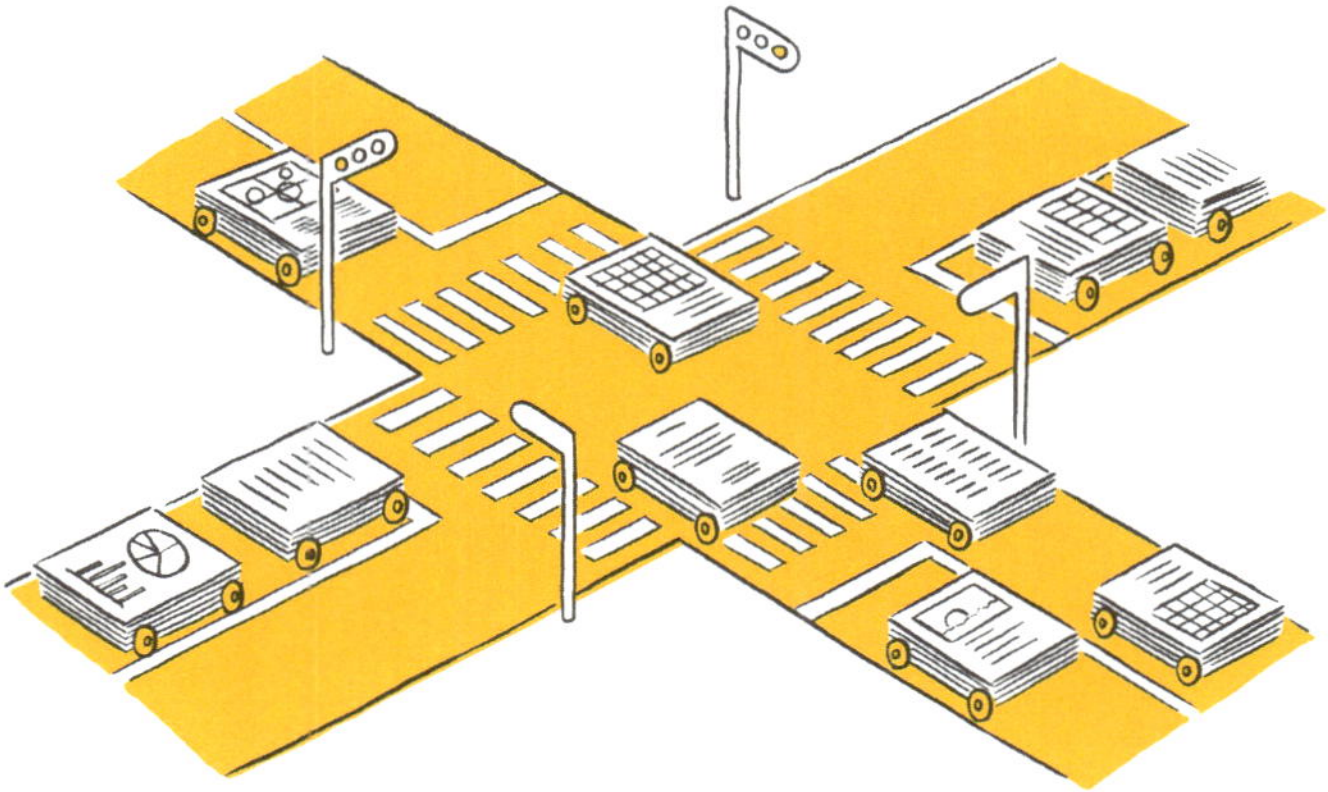

マニュアル通りに書くだけではなく

その文書の**目的**を理解する

5W2Hをまず考える

文書は用件をほかの人に伝えるためにあります。そのためには5W2Hが盛り込まれ、整理された内容にしましょう。

Who → 誰が／誰に

What → 何を

When → いつ／いつまでに

Where → どこで

Why → なぜ

How → どのように

How much／**H**ow many
→ いくら／いくつ

特に「**なぜ**」＝ **何の目的**で
この文書を作っているのかを
念頭に置く

マニュアルを直すだけではなく、目的を考えてみる

会社にはたくさんの文書が存在し、行き交っています。新人でも作れるようマニュアル化されている場合も多いでしょうが、そのまま書き換えて使うだけでなく、その文書の目的を考え、誰がどう目を通し、使うのかを一度考えてみましょう。文書をブラッシュアップしたり、自分で企画書などを書いたりするときに必ず役立ちます。

ビジネス文書の種類

社内文書 組織内で使われるさまざまな文書

議事録／報告書／通知書／案内書／稟議書／届出書……

社外文書 取引の重要文書からご挨拶まで

[取引文書]
通知状／依頼状／注文書／請求書／見積書／催促状……

[社交文書]
慶弔状／礼状／挨拶状／紹介状／お見舞い状……

ビジネス文書は社内と社外で大きく違う。特に社外文書はマナーが重要。社内にフォーマットが引き継がれることが多いので、まずは先輩に確認してみる。

CHECK 文書の重要度を知っておこう

高↑

極秘 ……特定の関係者のみ見ることができる

部外秘 ……特定の部のメンバーのみ見ることができる

社外秘 ……社員のみ見ることができる

重要な内容の文書を作成するときには、上司のチェックを受けるのと同時に、重要度を確認。余白などにスタンプを押すなどして示す。

もちろん内容を口外してはいけません！

CHAPTER_09

ビジネス文書の基本❷

パッと見て内容がわかる文書に

文書の基本は「A4横書き」

ビジネス文書の基本スタイル

A4用紙1枚に横書きでまとめよう

世界中のほとんどの会社で文書はA4横書きに統一されています。サイズが違うと保管もしにくいので相手の迷惑に。また、できるだけ1枚にまとめる努力もすること。

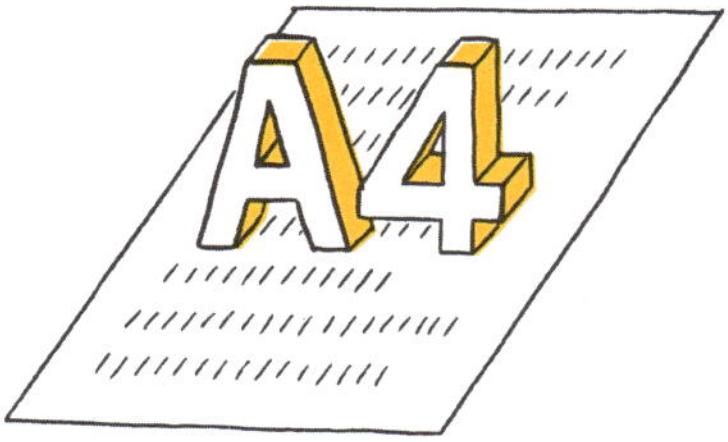

CHECK

- 部内にある定型のフォーマットを利用する
- インターネットのテンプレートも参照してみる

見やすく"読みたくなる"見た目の文書を作ろう

組織で取り扱う文書は、極力A4横書きにまとめるように統一されています。できるだけ1枚にまとめるのがいいのですが、難しい場合は、表書き＋添付文書にして、はっきりと分けるといいでしょう。メールと同様に、ある程度の空白を作り、箇条書きを使うなど、ひと目見て読む気が起きるような配列になるよう気を配ります。

体裁

● サイズはA4

文書はA4サイズ横書きという国際的な基準がある。1990年代まで、日本ではB判が主流だったので比較的新しい文化だが、ほとんどの会社に普及。

● 可能なら１枚に収める

数行が２枚目にはみ出てしまうようなら、内容や１枚の行数などを調整し、１枚に収まるように工夫する。分ける場合は内容をはっきり区別すること。

● 添付書類もA4（またはA3を折りたたむ）

領収書などの小さな文書を添付する場合も、貼りつけるかコピーをしてA4にして添付。大きくないと見えない表などはA3にし、折りたたんで添付。

● 複数枚のときは通し番号を

添付書類がつき、複数枚になる場合は通し番号を。1/3、2/3、3/3など、総枚数がわかるようにするといい。入れる場所は用紙の右上か中央下が主流。

● ホチキスは左上でとめる

複数枚の文書は、通常の横書きの場合は左上をホチキスでとめるのが基本。微妙な位置の違いで２枚目以降の一部が見えなくないかなどをチェック。

ホチキスはめくりやすい側に

縦書きの文書の場合は右上をとめる（読み始める位置をとめると覚えよう）。また、ファイルする前提の文書などはめくりやすい位置にする配慮を。

文章

● ダラダラと長く書かない

想いを伝えたい、説明をしたいからといって、公式な文書に感情を書き連ねないこと。用件を簡潔に書き、気持ちはメールの添え書きなどにとどめよう。

● 上から目線・慇《いん》懃《ぎん》無《ぶ》礼《れい》に注意

簡潔にしようとしすぎてぶしつけになったり、逆に丁寧すぎて「慇懃無礼」になることも。シンプルだけれど相手を気遣う文章が書けるようになろう。

● 箇条書きを使ってわかりやすく

メールと同様に、箇条書きは有効。読み手にも書き手にも確認しやすい。5W2Hを意識しながら書いていくと、漏れがなく、わかりやすい文書に。

社内文書は**簡潔さ**が大切

挨拶はなし・用件のみでまとめる

多種多様な文書が存在。テキパキ書いて提出を

社内文書は指示や報告、届け出、連絡など、多様です。議事録や帳簿類も社内文書に含まれます。

また、提出期限があるものはもちろん期限内に、特に定められていなくても、新人は早めの提出を。ギリギリは心証が悪いし、間違えていた場合に直す時間が必要だからです。素早く正確に書けるようになりましょう。

社内文書の構成

社内文書の特徴は、挨拶などの頭語・結語、前文がいらないこと。丁寧語であればOK（謝罪や反省などは必ず）。

例

1 通し番号等　マーケ1234

2 日付　20XX年X月X日

3 宛名　社員各位

マーケティング局広報部
担当：倉田聡美（内線：000）
satomi-kurata@***.co.jp
4 発信者

5 件名　新商品発表会のご案内

表題について、以下の通り提案いたします。　6 本文

記

7 概要・別記

1．日時　20XX年X月X日（水）
11時～16時（出入り自由）

2．場所　弊社1階　テストキッチン
詳しい場所につきましては別紙地図をご参照ください。

以上　8 結び

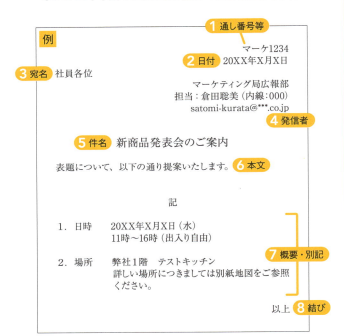

1	通し番号等	管理する際に必要な番号。会社や部署によってフォーマットがあるのでそれに従ってつける。
2	日付	発信日は必ず記入。右上に入れるのが一般的だ。書いた日ではなく、提出する日を書くこと。
3	宛名	誰に向けたものなのか、宛名を明記。全員の場合は「各位」を使い、その場合は「様」などは不要。
4	発信者	個人名の場合と部署名の場合がある。部署名の場合も問い合わせがある場合は担当者名を入れる。
5	件名	簡潔に、何の文書なのかわかるようなタイトルをつける。本文よりひと回り大きい字をセンターに。
6	本文	単刀直入な入り方で主旨を書く。ここでは時候の挨拶などは入れなくてよい。
7	概要・別記	主旨に対する具体的な、必要事項を箇条書きで書く。担当者連絡先はこの末尾に入れることもある。
8	結び	挨拶文は不要。「以上」だけで締める。読む側も「ここで終わり」とはっきりわかりやすい。

提案書

提案書は、社内に導入や改善のアイデアを提案するための文書。提出を求められていない場合も積極的に作って上司に見てもらおう。

マーケ1234
20XX年X月X日

総務部　山本様

マーケティング局広報部
倉田聡美

テストキッチン設置の提案

表題について、以下の通り提案いたします。

記

1　提案の主旨
・・・・・・・・・・・・・・・・・・・・・・・・・

2　現状
・・・・・・・・・・・・・・・・・・・・

3　提案内容
（ア）・・・・・・・・・・・・・・・・
（イ）・・・・・・・・・・・・・・・・・・・・・・
（ウ）・・・・・・・・・・・・・・・・・・・

4　具体的な手順
・・・・・・・・・・・・・・・・・・・・・・・

5　添付書類
（ア）◎◎建設の設置費用見積もり
（イ）利用計画書

以上

POINT

- ☑ 何を提案しているのかを明確に
- ☑ メリットやお金のこともはっきりと

会社をもっとよくできることを自分から提案するときに書く文書。設備の設置や改善、制度などについてアイデアを書く。導入することで何が変わるか、試算も明確にすることが大切だ。

稟議書

稟議書は社内の決済を図るための文書。設備や人員が必要で、お金がかかるときに提出する。フォーマットに沿って具体的な希望を書くだけでなく、通したい気持ちを漂わせよう。

稟議書

マーケ1234
20XX年X月X日

総務部　山本様

マーケティング局広報部長
片山貴久

アルバイト雇用の件

人員欠如のため、販促キャンペーン中のアルバイトの雇用についてご了承いただきたくお伺いいたします。

記

1　雇用人数　2名

2　雇用期間　20XX年7月XX日（金）～XX日（月）

3　雇用理由
①・・・・・・・・・・・・・・・・・・・・・・・・・・・・・・・
②・・・・・・・・・・・・・・・・・・・・・・・・・・・・・

4　賃金　日給10,000円

5　採用方法　求人情報誌「○○○」を利用

6　総予算
掲載費用　1週間50,000円
日給　10,000円×4日間×2名＝80,000円
交通費　1,000円×4日間×2名＝8,000円（すべて税込み）
合計138,000円

以上

POINT

- なぜ必要なのか、現在の不具合を
- 具体的に書き、改善のメリットも

「必要ないだろう」と思われてしまったら通らないのが稟議書。具体的に何が必要で、どのように活用できるか、約束ごとなどもきちんと書くことで承認される確率がアップするはず。

まずは定型を覚えよう

通し番号、頭語、結語、結び……

社外文書の構成

社内文書と違うのは丁寧な挨拶＝前文と、結びの言葉が入ること。わかりやすさだけでなくフォーマルな言葉を。

例

1 通し番号等　マーケ1234
2 日付　20XX年X月X日

3 宛名　関係者各位

株式会社オトワール
マーケティング局広報部長
片山貴久
4 発信者

6 頭語

5 件名　新商品発表会のご案内

7 前文
拝啓　時下ますますご清栄のこととお慶び申し上げます。
平素は格別のご高配を賜り、誠にありがとうございます。

8 本文
さて、このたび弊社では、下記の要領にて、新商品を発表する運びになりました。つきましては、新商品発表会についてご案内申し上げます。

ご多用のところ誠に恐縮ですが、ご出席くださいますようお願い申し上げます。

9 結語　敬具

記

10 概要・別記
1. 日時　20XX年X月X日（水）
11時～16時（出入り自由）

2. 場所　弊社1階　テストキッチン
詳しい場所につきましては別紙地図をご参照ください。

11 結び　以上

文書は会社が発行するもの。会社代表として文書を作る

社外文書は、会社と会社のやりとりを代表するのですから、責任を持って作りましょう。最初のうちは必ず上司や先輩のチェックを。自分でも念入りな見直しを習慣づけて。特に数字や固有名詞の間違いは会社全体の不信感にもつながる可能性があります。フォーマットを使う際でも、書き換え忘れ等がないか確認しましょう。

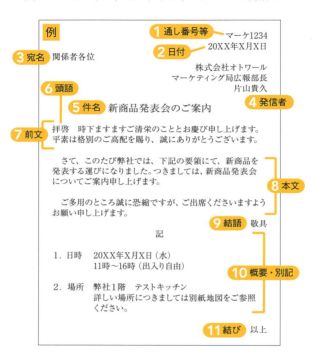

1	通し番号等	社内文書と同様に管理するための番号を入れる場合も多い。会社のフォーマットに従おう。
2	日付	社内文書と同様に発行日を入れる。交渉の際、いつ、何を伝えたのかが明確になるので重要。
3	宛名	社名、部署名、肩書、名前、敬称を入れる。複数の個人なら各位（「様」をつける必要はない）。
4	発信者	社名、部署名、名前。必要に応じて、連絡先を入れる。社外文書では住所まで入れることもある。
5	件名	文書のタイトルを、ひと言でわかりやすく入れる。大きめの字で中央に配置するとバランスがいい。
6	頭語	「拝啓」が一般的だが、「謹啓」なども使われる。返事の場合は「拝復」（詳しくは、P.168）。
7	前文	時候の挨拶など誰でも共感できるフレーズ、日頃の感謝の言葉を最初に書く（詳しくはP.169、170）。
8	本文	社内文書と同様に、用件をまとめた主題の文章。前文からガラリと変わるので「さて、」をつける。
9	結語	頭語に対して、結語を忘れずに。拝啓→敬具など、さまざまな組み合わせがある（詳しくはP.168）。
10	概要・別記	社内文書と同様に、必要事項を箇条書きで書く。資料が必要な場合は、「添付資料参照」とする。
11	結び	やはり「以上」のみでOK。追加したほうがいい文章は、「追記」として「以上」の前に。

CHECK

☑ 丁寧な挨拶文を入れる

社外に出すフォーマルな文書は挨拶も間違えてはいけないポイントになる。季節感や日頃のお礼を述べる（詳しくはP.169、170）。

☑ 定型文を使いこなす

文書では口語では使わない用語が飛び交う。使いこなせれば一気に文書の完成度が増すので取り入れよう（詳しくはP.170）。

頭語・結語、時候の挨拶を使いこなす

文書の冒頭で表す敬意

せっかくの美しい日本語の挨拶。文書に使ってみよう

　ビジネス文書では、日本での伝統的な挨拶が活かされています。ぜひ省略せずに使い、礼を尽くしましょう。女性だけが使う「かしこ」などもありますが、ビジネスには適しません。ただ、手書きの添え書きなどには使うと印象が柔らかくなります。時候の挨拶は相手と共感する気持ちで選んで使ってみるといいですね。

頭語と結語

社外文書では儀礼的な手紙と同じように、最初と最後につけます。文章作成ソフトでは、頭語を打てば自動的に結語が出てくるようになっているので活用を。

	頭語	結語
一般的な文書	拝啓	敬具
	拝呈	敬白
特に丁寧な文書	謹啓	謹白
	謹呈	敬白
急ぎの用件	急啓	草々
	急呈	敬具
返信の場合	拝復	敬具
	復啓	敬白
再信の場合	再啓	敬具
	追啓	敬白
略式	前略	草々
	冠省	草々

時候の挨拶

四季のある日本だからこそ発展した、時候の言葉の数々。形式的に使うのではなく、心を込めた自分らしい挨拶として使いましょう。慣れてきたらオリジナルも。

	漢語調	和語調
4月	花冷えの候／桜花爛漫の候／春暖の候／麗春の候／晩春の候	咲き誇る花が眩しい季節となりました
5月	惜春の候／葉桜の候／青葉の候／新緑の候／立夏の候	風薫る心地よい季節となりました
6月	梅雨の候／薄暑の候／初夏の候／麦秋の候	降り続く雨に、太陽が恋しい日々が続きます
7月	梅雨明けの候／向暑の候／盛夏の候／大暑の候／炎暑の候	うだるような暑さが続いておりますが
8月	残暑の候／避暑の候／晩夏の候／立秋の候／秋暑の候	吹く風に秋の訪れを感じられるような……
9月	初秋の候／白露の候／新涼の候／爽秋の候／秋晴の候	ひと雨ごとに涼しくなって参ります
10月	清秋の候／仲秋の候／錦秋の候／秋雨の候／秋霜の候	すっかり秋めいて参りました
11月	晩秋の候／深秋の候／暮秋の候／冷雨の候／向寒の候	朝晩の冷え込みが厳しくなって参りました
12月	初冬の候／霜寒の候／師走の候／初雪の候／歳末の候	年の瀬も押し迫って参りました
1月	新春の候／初春の候／極寒の候／厳冬の候／大寒の候	早いもので松の内も明け……
2月	余寒の候／残寒の候／残雪の候／立春の候／向春の候／梅花の候	春の気配を少しずつ感じられるようになりました
3月	早春の候／浅春の候／春分の候／陽春の候／萌芽の候	日ごとに春めいて参ります……

CHECK

☑ 候は「みぎり」に変えてもいい。柔らかな印象に

ひらがなの「みぎり」を入れることで印象が変わる。女性向き。

☑ 自分なりに感じる季節感で臨機応変に

慣れてきたらオリジナルもOK。オリンピックなど国民的行事も。

☑「時下」としてまとめることもできる

「時下、ますますご清祥の～」などと用い、一年中使うことができる。

覚えておきたい！

「文書ならでは」のフレーズ

会話で使うことはなく文書やメールなど文字でのみ使う慣用句。文章作成ソフトなら内蔵されている場合も。ただコピペするのではなく、意味を知って使いましょう！

文頭

- **貴社ますますご発展のこととお慶び申し上げます**
  相手の会社の発展をよろこぶ内容。「ご隆盛」「ご清栄」でも。
- **○○様におかれましては**
  ますますご健勝のこととお慶び申し上げます
  個人名宛の場合。心身の健康を祈る意味がある。
- **平素は格別のご高配を賜り、厚く御礼申し上げます**
  日頃の感謝を言葉にする挨拶。「ご高配」は「お心配り」の意味。
- **平素はご無沙汰いたしまして、誠に申し訳ございません**
  久しぶりに連絡するときに使う。文末は「お許しください」でも。
- **突然ご連絡（お手紙）を差し上げる無礼をお許しください**
  面識がない相手にいきなり連絡する場合などに使う挨拶。

文中

- **平素は格別のご愛顧を賜り、厚く御礼申し上げます**
  消費者のお客様に対する文書の場合は、ご利用の感謝を述べる。
- **鋭意努力する所存でございます**
  やる気や反省など、今後の努力を宣言するときに使う言葉。
- **万障お繰り合わせの上、ご出席くださいますよう**
  お願い申し上げます
  「いろいろ差し障りはあるでしょうが」の意味。出席を促すときに。
- **お手すきの折にご査収いただけますようお願い申し上げます**
  「査収」とは確認して受け取ること。チェックして返事がほしいとき。
- **このたびは多大なご迷惑をおかけし、**
  幾重にもお詫びを申し上げます
  お詫びの定型文。これに頼らず、自分の言葉で謝るのも大事。

文末

- **今後共いっそうのお引き立てを賜りますよう心よりお願い申し上げます**
  「お引き立て」は「ひいき」に近いニュアンス。「倍旧のお引き立て」も◎。
- **今後共ご指導、ご鞭撻のほど、よろしくお願い申し上げます**
  新人は教わることが多いので、個人的に勉強になる、という意味を込めて。
- **末筆ながら貴社のご発展を心よりお祈り申し上げます**
  「末筆ながら」は結びの文の書き出しに使う。「最後に」という意味。
- **ご多用とは存じますが、ご返信を賜りますようお願い申し上げます**
  「忙」の字は負の印象。忙しそうでも「ご多忙」ではなく「ご多用」を。
- **まずは略儀ながら書面にてご挨拶申し上げます**
  「略式（簡単）ではありますが」という意味。文書をへりくだらせた言い方。

CHECK よく使う単語は単語登録。順番はフォーマットに従う

慣用句がずらりと並ぶビジネス文書。毎回打たなくてもいいように単語登録をする。会社にフォーマットがない場合は自分用に順番を入れた文書を作っておくといい。

例 頭語 → 時候の挨拶 → 文頭の挨拶 → 起語（さて、このたびは、など）→ 主文 → 文末の挨拶 → 結語

案内状

イベント、催事、キャンペーンなどの催しのご案内をするときに。相手が「出席したくなる」のが目的なので自由度を高くしても。

マーケ1234
20XX年X月X日

株式会社KODAN PR
クリエイティブ
長谷川陸様

株式会社オトワール
マーケティング局広報部
PRマネージャー
藤本円

PRマナー勉強会のご案内

拝啓　陽射しが日増しに暖かくなり、桜前線の待ち遠しい今日このごろ、お変わりございませんでしょうか。
　平素は格別のご高配を賜り、厚く御礼申し上げます。

　さて、本日はPRマナー勉強会のご案内を申し上げます。
・・・・・・・・・・・・・・・・・・・・・・・・・・・・・

　つきましては、下記の日程にて開催いたしますので、ご多用とは存じますが、PR人材育成のためにもぜひご参加いただけますようお願い申し上げます。

　入退場は自由となっておりますので、どうぞご都合のいいお時間にお立ち寄りください。
　お目にかかれますのを、スタッフ一同心待ちにしております。

敬具

記

開催日時　20XX年X月X日　13時～15時
場所　イベントスペース　○○
東京都千代田区有楽町・・・・・・
※会場までの地図は別紙をご参照ください。

お越しの際は本状をお持ちください。

以上

POINT 出席したらいいことがありそう、と思ってもらえれば大成功

ビジネス文書とはいえ、内容によっては楽しい雰囲気に飾ってもOK。当日の交通手段はできるだけ具体的に、相手が見てすぐ足を運べるようにする。当日の連絡先を入れるのもおすすめ。

依頼状

講演や原稿の依頼は、フォーマルな文書が必要。なぜその人を選んだのかをしっかりと書き、条件も明らかにする。「お願いしたい」「考えを広めたい」という熱意もしのばせて！

マーケ1234
20XX年X月X日

株式会社キッチンライフ
代表取締役社長　○○○子様

株式会社オトワール
マーケティング局広報部
PRマネージャー
藤本円

キッチン製品PR勉強会講師ご依頼について

謹啓　風薫る爽やかな季節となりました。○○様におかれましては、ますますご健勝のこととお慶び申し上げます。

さて、突然ではございますが、弊社では、下記の日程にて□□□にまつわる会を催すこととなりました。
つきましては、この分野の発展に深く関わってこられた○○様に講師をお引き受け願いたく、お願い申し上げる次第でございます。
大変ご多用とは存じますが、何卒ご配意のほど、お願い申し上げます。

まずは取り急ぎ書中をもってお願い申し上げます。

謹白

記

1. 開催日時　20XX年X月X日　13時～15時
2. 講演会場　イベントスペース　○○
　　東京都千代田区有楽町・・・・・
3. テーマ　「□□□について」
4. 受講者　弊社社員（20代～60代、約200名）
5. 謝礼　10万円

以上

POINT

お願いしたいという想いをにじませ相手のメリット、条件をはっきり書く

お願いごとをするのだから少なからず思い入れがある相手のはず。その気持ちを素直に書くと、引き受けてもらいやすくなる。謝礼や打ち合わせを含む所要時間などの条件を明記。

文書には送付状を添える

手書きのひと言も好印象

郵便などで文書を送るときは送付状をつける

いわば、文書を送るための文書。どういった文書を送るのかを書き出した添え書き。いきなり送りつけるよりも丁寧です。

宛名
先方の社名、部署、肩書、担当者名。送付先担当者と書類担当者が違う場合もある。

日付
ほかの文書と同様に作成して封入する日を書く。食い違いが出ないよう、早めに投函。

例

20XX年X月X日

株式会社オトワール
マーケティング局
広報部長　片山貴久様

〒107-0062
東京都港区南青山X-X-X
株式会社KODAN PR
プランニング局
営業部長　古賀奈美栄
TEL：03-0000-0000
FAX：03-0000-0001

書類送付のご案内

拝啓　時下ますますご清栄のこととお慶び申し上げます。平素は格別のお引き立てを賜り、誠にありがとうございます。

さて、下記のとおり書類を送付いたしますので、ご査収のほどよろしくお願い申し上げます。

なお、書類内容にご不明な点などがございましたら、お気軽にお問い合わせください。

敬具

記

1. 見積書　1通

2. 請求書　1通

以上

発信者
文書を作成した人の社名、部署、肩書、担当者名。問い合わせができるよう連絡先も。

本文
挨拶と「以下の書類の文書を送ります」という内容があればいい。日頃の感謝も添えて。

送付する書類リスト
送る文書の種類、何通あるか（1通でも）を羅列する。名称が違わないよう注意して。

結び
ほかの文書と同様、最後に「以上」だけでOK。別々の文書なのでページ番号も不要。

POINT 1 一筆箋や可愛いフセン 手書き文字もよろこばれる

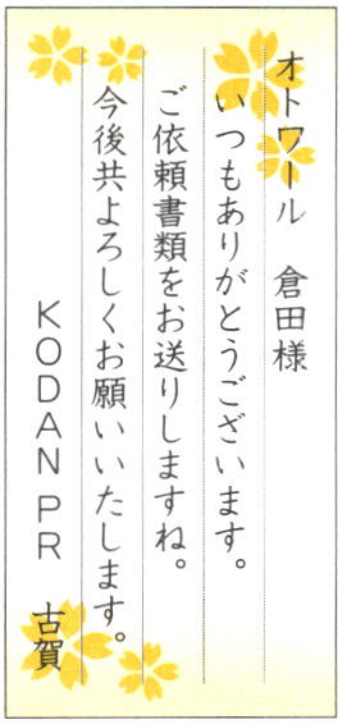

一筆箋

手書きで柔らかいイメージにするなら一筆箋がおすすめ。会社や案件のイメージに合わせて選んでも感じがいい。

フセン

社内や気心の知れた間柄なら、大きめのフセンにメッセージを書いて送ってもOK。多少可愛いものでも大丈夫。

POINT 2 送付する文書は クリアファイルに重ねて入れる

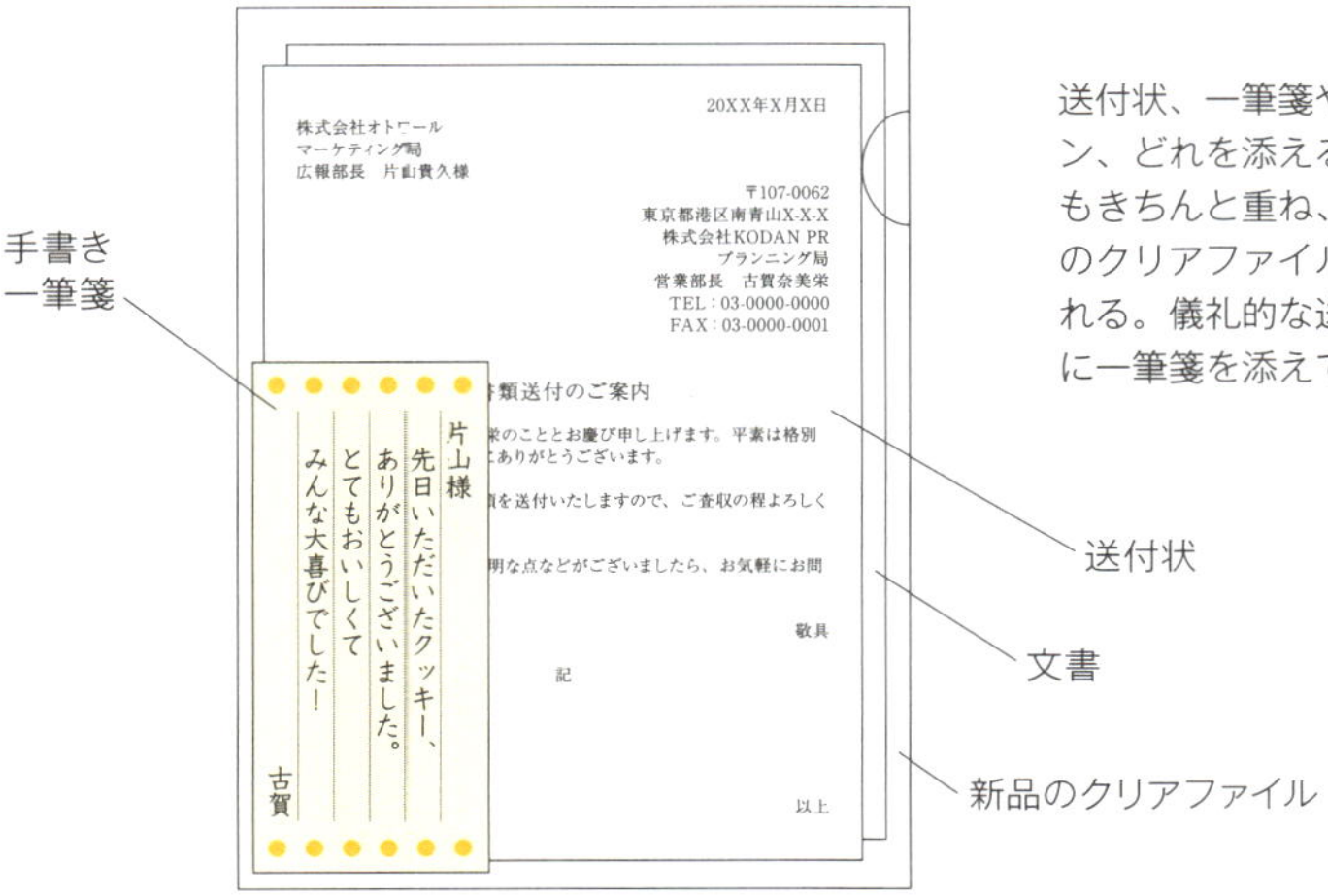

送付状、一筆箋やフセン、どれを添える場合もきちんと重ね、新品のクリアファイルに入れる。儀礼的な送付状に一筆箋を添えても。

封筒の宛名書きルール

手書きなら縦書きが儀礼的

宛名の書き方

郵便を出す機会が減り、宛名書きに慣れない新人も多いはず。宛名はコツをつかめばバランスよく書けるようになるので、全体のバランスを考えながら書きましょう。

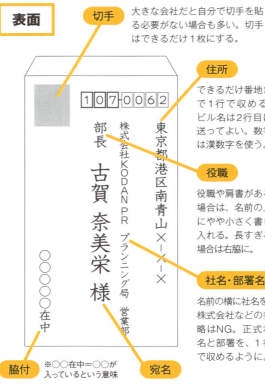

表面

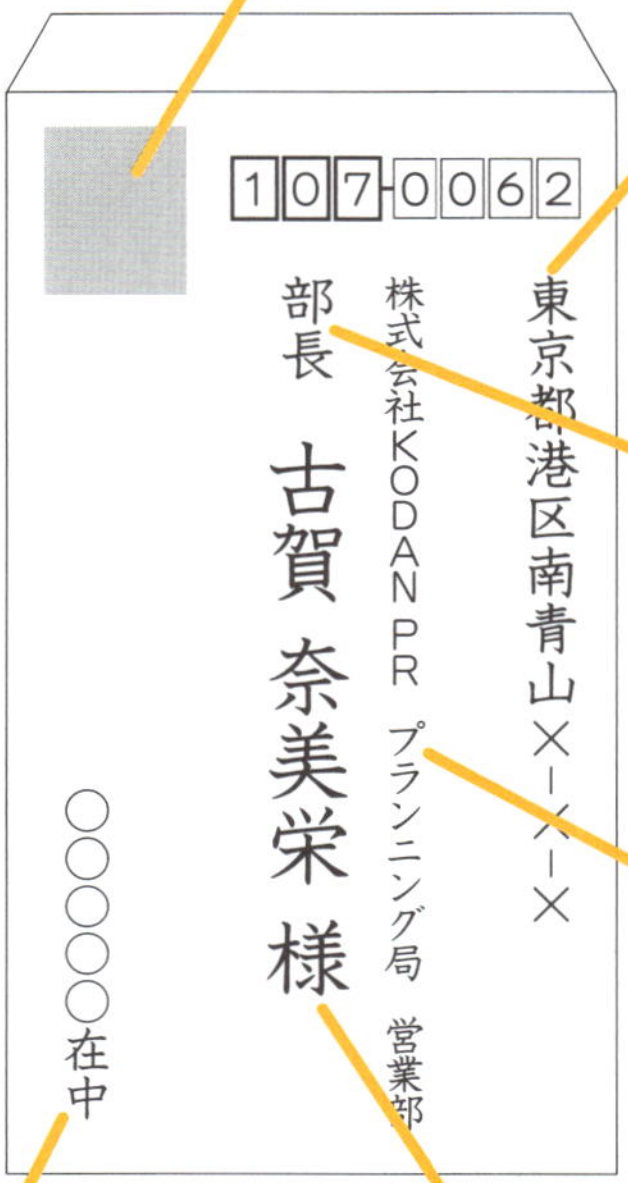

切手
大きな会社だと自分で切手を貼る必要がない場合も多い。切手はできるだけ1枚にする。

住所
できるだけ番地まで1行で収める。ビル名は2行目に送ってよい。数字は漢数字を使う。

役職
役職や肩書がある場合は、名前の上にやや小さく書き入れる。長すぎる場合は右脇に。

社名・部署名
名前の横に社名を。株式会社などの省略はNG。正式社名と部署を、1行で収めるように。

脇付　※○○在中＝○○が入っているという意味
「請求書在中」など入っているものを書く。親展、重要などのスタンプを押す場合もここに。

宛名
最初に左右中央に書くとバランスがとれる。表面の中で一番大きな字で、フルネームを書く。

親展とは……　「本人が開封してほしい」という意味。上司に封書を開けるのを指示されたとしても「親展」は開けずにおくこと！

裏面

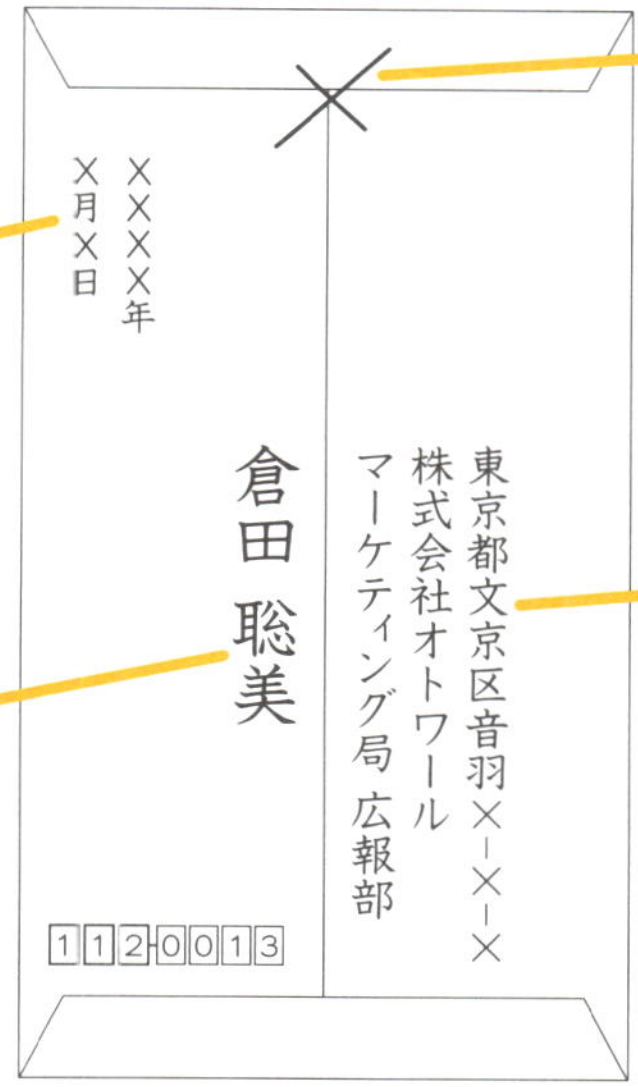
東京都文京区音羽×-×-×
株式会社オトワール
マーケティング局 広報部
倉田 聡美
××××年
×月×日
112-0013

封締め

セロハンテープはNG。のりできっちり貼り、「〆」「封」と書くか「緘」の印を押す。

日付

封をして、左上に小さく投函する日付を年から書く。縦書きなので漢数字を使うこと。

住所、社名・部署名

住所、社名、部署名は封筒の中央より右側に書く。社名までが封筒に印刷されている場合はそのまま利用。

発信者名

中央の線の左側にフルネームを書く。住所が印刷されていれば名前だけ直筆、または押印。

CHECK

宛名敬称の使い分け

表書きの名前の最後につける敬称はさまざま。くれぐれも「株式会社○○様」「先生様」などと書かないように。また、ビジネスの場で「殿」は使われなくなってきている。

- 個人 → **様**
- 企業・団体 → **御中**
- 教師・医師・学者・弁護士など → **先生**
- 複数の個人 → **各位**

広報部長
片山貴久殿

特性を知っておこう！

ファックスで文書を送る

家庭でもオフィスでも使う機会が減っているファックス。しかし、業種によってはファックスしかないという相手とやりとりすることも。特徴を覚えて、使いこなしましょう。

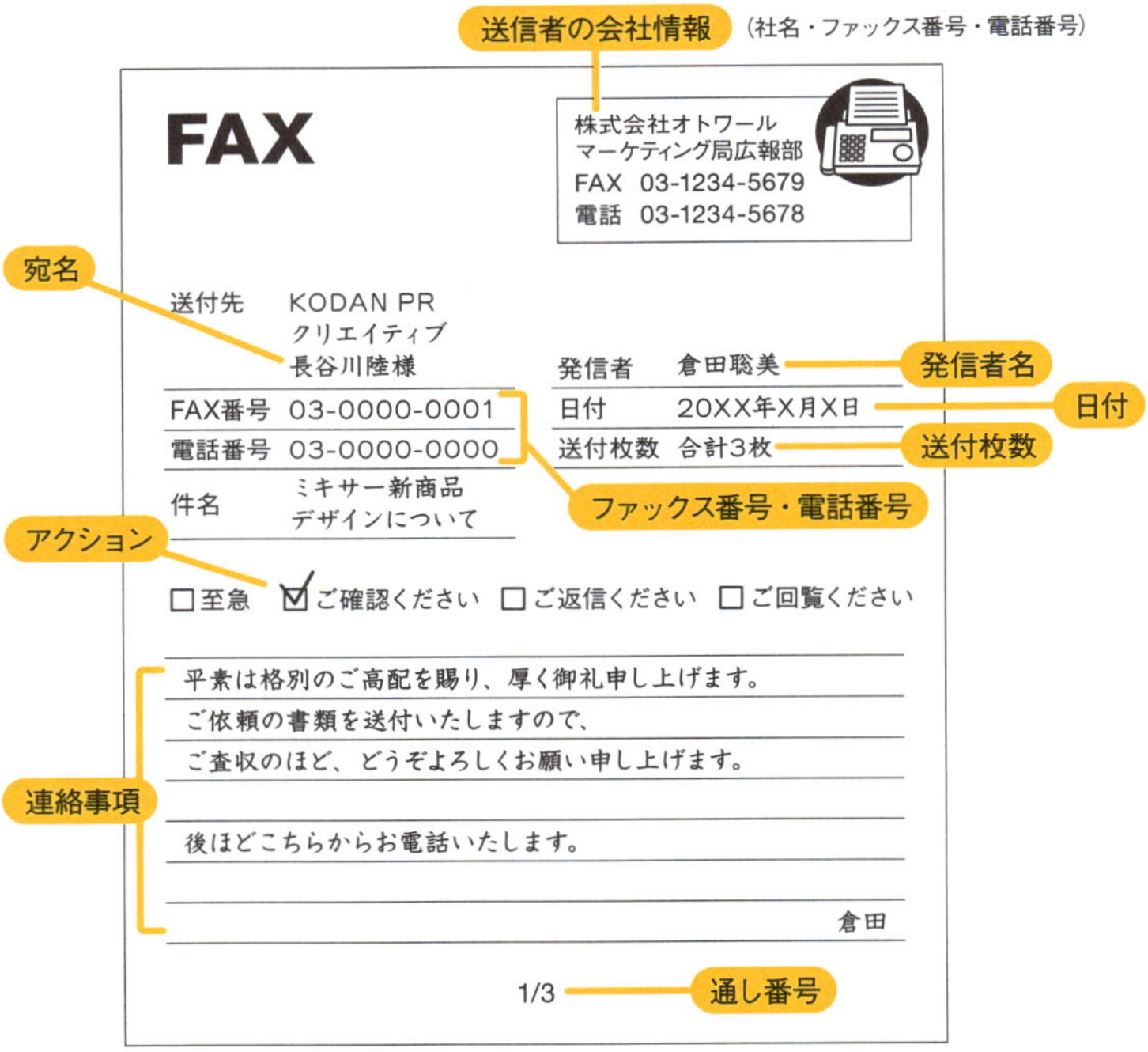

CHECK

- ☑ 大きめ・太めの字で書こう
- ☑ 汚れに注意
- ☑ ファックス番号は間違えないように！

ファックスはその文書がコピーのように先方のファックスに送られる。読みやすいよう、黒く太い字をくっきり書こう。また、番号を間違えると無関係な人に電話がかかり迷惑なので注意。

CHAPTER_10

仕事の段取り

一日一日をいかに充実させるかは
段取りにかかっている。仕事の進め方から
仕事をスムーズにする断捨離までを学ぼう。

段取りと「PDCAサイクル」

円滑に仕事を進めるために

仕事は「段取り八分《はちぶ》」

段取りとは、目的に向かって準備をすること。仕事の成功は段取りにかかっているといわれています。もちろん新人も同様。準備に力を注いでみましょう！

成功するかは**段取り**や**準備**で決まると言っていい

計画を立てて段取りをつけ、少しずつ成長しよう

仕事は段取り八分。段取りさえできれば仕事は8割達成したと思っていい、というくらい「段取り」は大事なのです。毎日、毎週、毎月……やることを予想して、準備をしましょう。そのとき意識してほしいのがPDCAサイクル。詳しくは左の図にありますが、このサイクルにのって螺旋《らせん》状に徐々に成長していくのが理想です。

「PDCAサイクル」を意識

仕事を円滑に進めるために考えられた手法のひとつ。ここでは、Pが段取りの位置にあり、重要な要素となっています。できるだけ具体的に現実的なプランを立て、実行を。チェックや反省をして改善し、繰り返すことで成長していきます。

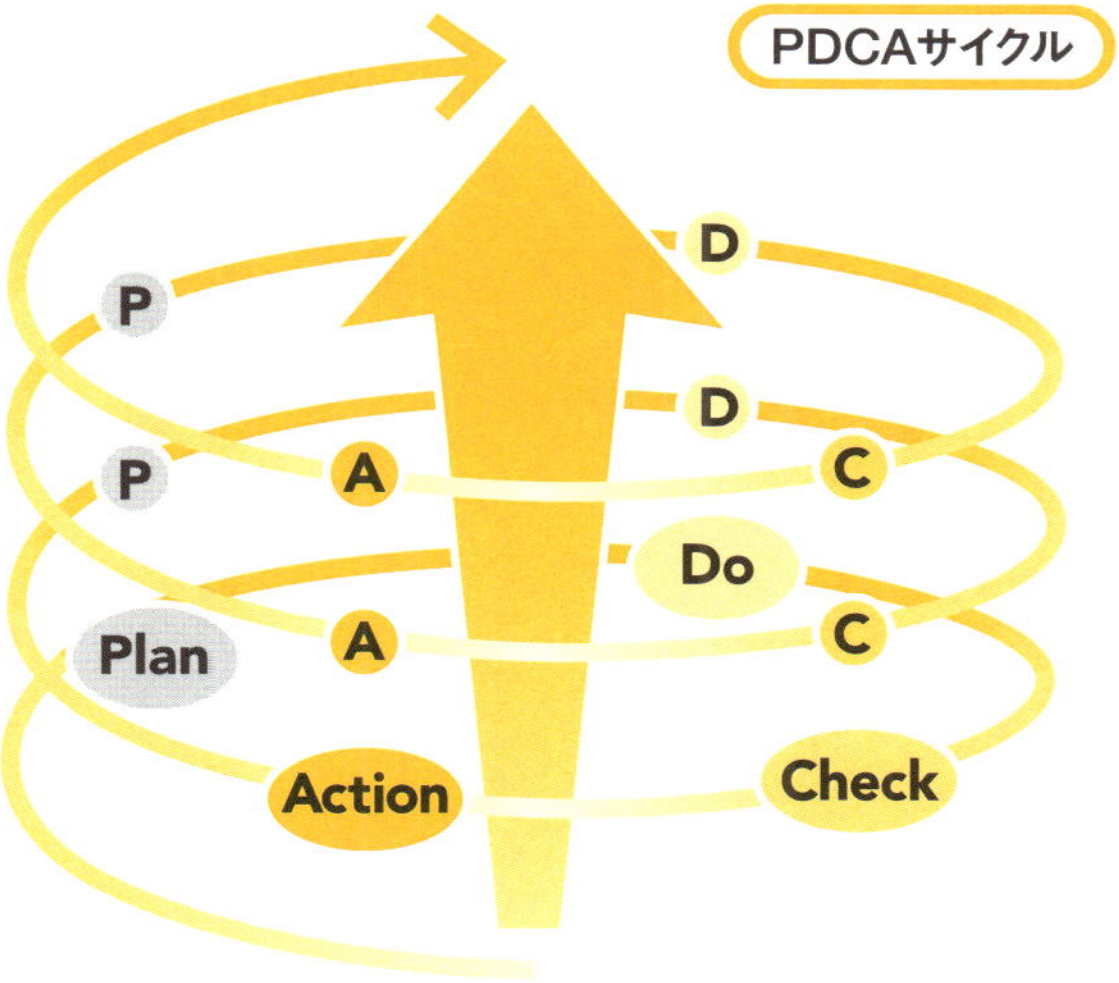

CHECK

Plan　**目標を立て、計画を立てる**
→　5W2H（P.86、158）を意識し、
具体的な目標値を設定しよう

Do　**計画に沿って実行する**
→　数値をわかりやすくしておくと
評価・改善に役立つ

Check　**計画通りに実行できたかを検証する**
→　しっかり行うことで
うっかりミスも防げる

Action　**検証で出てきた問題点を改善する**
→　次の計画を意識した
検証・改善を行おう

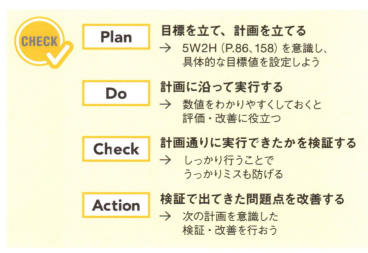

TO DOリストを作ろう

”やるべきこと“が見えてくる

今日一日をイメージして TO DOリストを作ってみよう

今日一日をイメージして、思いつくままやることを書き出します。どんな小さなことでも書き出しておくと、達成する回数が増え、モチベーションにもつながります。朝のTO DOリスト作りで仕事スイッチを入れる、という人も。書式は自由ですが、終了のチェック欄は必須。

TO DO List　　6月7日（月）

優先順位	すること	締め切り	✓
2	KODAN PR長谷川氏と打ち合わせ日程決める		✓
	新作ミキサーPRアイデア出し	6/15	
3	ホットポットリース「月刊キッチン」へ		
	暑中御見舞いのデザイン依頼	6/10	
	〃　　送付リスト倉田さんへ	6/10	
1	KODAN PR古賀部長手土産お礼メール		✓

チェック欄を作って達成感を（実行したら✓）

締め切りがあるなら書いておく

優先順位を書き込んで重要性を認識する

TO DOリストの使いこなし方

1. 一日のはじまりにやることを書き出す（または前日までのリストを見直して、調整する）
2. 優先順位をつけて仕事の順番を決める
3. 実行したらチェック欄に印をつける
4. 残ったものは翌日のリストに書き込む

自分なりのTO DOリストでモチベーションもアップ

CHECK

既製のノートや、スマホのアプリ、ネットのカレンダー機能を利用してもいい

文具店では専用ノートを販売している。アプリやウェブカレンダーにもあるので、使いやすいものを活用しよう。

どんな細かいことも一つひとつ書き出そう

1分で終わることでもリストに書いておけば、うっかり忘れることがないし、その分、消す喜びが増える。

不安なときは先輩にチェックしてもらおう

最初は指導してくれる先輩に見せてみよう。優先順位やリストから漏れている仕事を教えてくれるはず。

プロジェクトごとのリストを作るのも◎

案件が多くなり、長期で取り組む場合は、プロジェクトごとのリストを。ただし、毎日のリストと併用する。

優先順位＝緊急度ではない

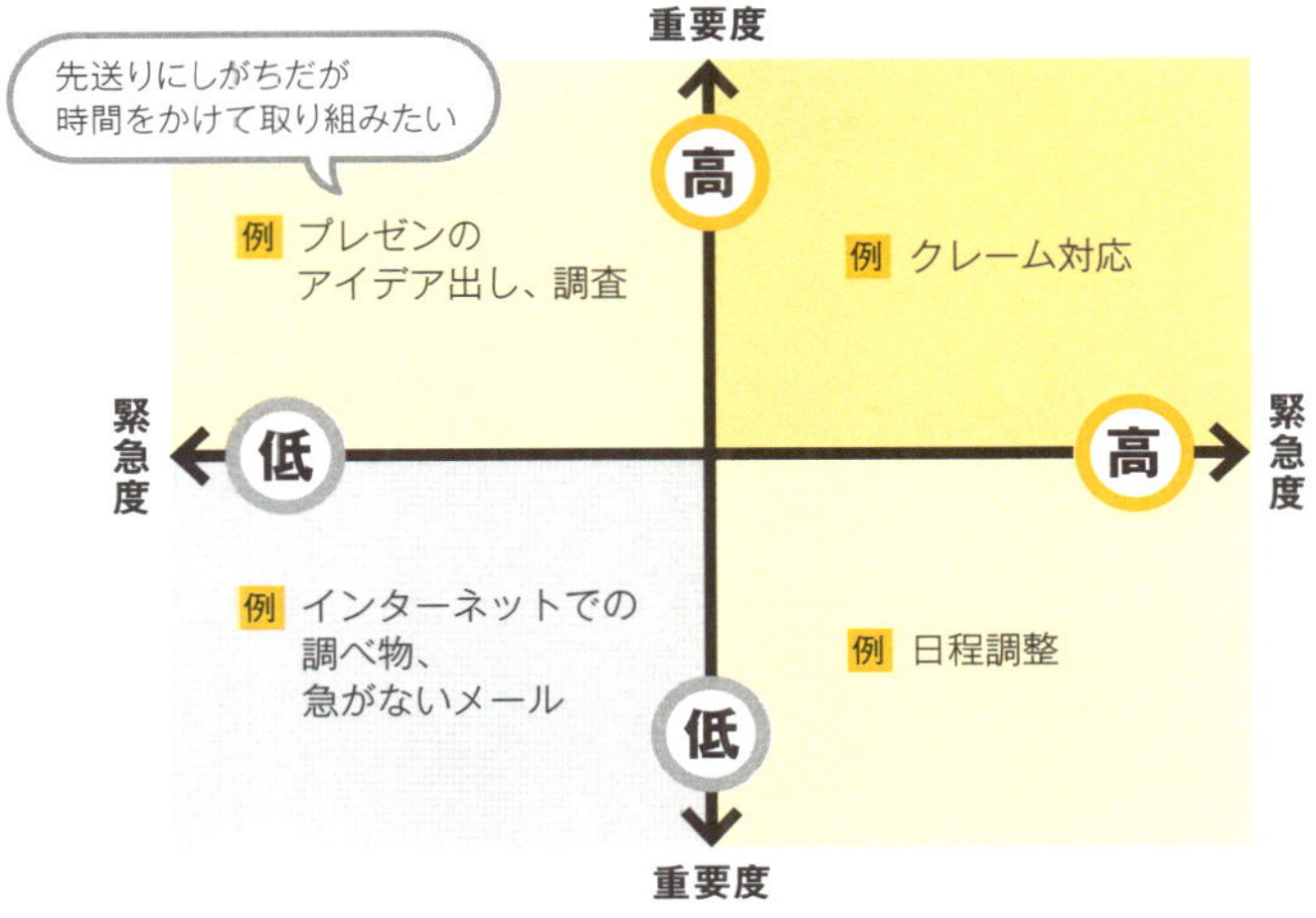

急ぎの仕事だけを優先していると、時間をかけてやらなければならない仕事を後回しにしがちなので注意！

自分の時間をどう管理するか

意識があれば無駄が出ない

一日を効率よく使おう!
時間管理力を鍛える

指示に基づいて動く新人は、時間を自由に使うことができないことが多いもの。それでも、追われるばかりではなく、自分で仕事をコントロールできるようになりましょう。

そのメール、何分で書き終わりますか?

「時間が足りない!」とパニックになってしまうのは、時間がコントロールできていないから。毎日の仕事の中で、ルーティンになっているものが何分くらいかかっているのか、一度計ってみて認識しておくのはおすすめです。時間管理がきちんとできていると、締め切りや約束を破ることがなく、上司からの信頼が厚くなります。

新人のうちに身につけよう

時間管理のコツ

1 「今日のゴール」は大きくしすぎない

達成しなければならない課題が大きすぎると逆にやる気が出ない。また、達成できなかった場合は、それに慣れてしまうのも問題。

2 1分以内、3分以内でできることはどんどん消化

時間のかかる作業に取り組んでいる最中に1分で返信できるメールが届いた場合は、即返信。気がかりで集中できなくなるのはNG。

3 朝イチでデスクを片づけるなど、スイッチが入る習慣を作る

“やる気スイッチ”という言葉があるが、これは自分で押すもの。5分間机の上を掃除する、野菜ジュースを飲む……好きなスイッチを！

4 上司や先輩からの急な指示はあって当然

新人は突然上司や先輩に呼ばれ、指示されることも。TO DOが自分の思い通りに進まないことは肝に銘じておこう。ただし、接客中などは別。お客様やクライアントは上司より礼を尽くすべき存在だ。

5 すきま時間も効率よく使う

特に外出先では、次の用事まで時間があくこともある。そんなときに作業や勉強ができるよう、すきま時間ができそうな日は準備する。

6 「ごほうびタイム」でモチベーションを上げる

モチベーションを上げるのに効果的なのが“自分にごほうび”。「金曜日はカフェでおいしい朝ご飯を食べる」「この作業が終わったらチョコレートを食べよう」……小さなことでも楽しみになる。

時間管理力を鍛えて仕事力をアップ

チームの新人はすぐやる＆すぐ質問

全体を把握して動こう

すぐに「動く」で可愛がられるメンバーに

最近はチーム制で仕事を進める会社が増えました。仕事の流れの中に実際に身を置いて働けるので、新人にとっては学びやすく、嬉しい環境です。チームの中で可愛がられる存在になるには、とにかく「動く」こと。仕事でも、雑用と思うようなことでも、すぐに動くのがポイント。流れをきちんと把握して、わからなければ質問を。

チーム制の場合

新人に期待されているのは

↓

気配りと素早い**動き**

例　会議室の手配、コピーをとる、来客を案内する、飲み物を用意する、電話はすぐとる……

ただし、メンバーである自覚を持って

できることが少ない分、ほかのメンバーが気持ちよく働ける環境を整えよう

チームでの仕事のコツは
全体を把握すること

☑ 各メンバー、関係者が誰とどう動いているのか

チームの動きを把握する。先輩たちがどのような役割を担い、社内外の誰と折衝しているのか整理しておこう。

☑ プロジェクトごとのタイムスケジュールをガントチャートで確認

ひと目で複数の人·案件の動きがわかるガントチャートが便利。おそらく進行管理などに使われているので折々に確認を。

☑ CCで送られてきたり、クラウドに上がった文書に目を通す

チームメンバー全員宛のメールは、わからないとスルーしがち。しかし、きちんと読み込んでおくと、いざというとき役立つはず。

わからないことをすぐ聞けるのは**新人の特権**

「ホウ・レン・ソウ」と
(P.90)
「5W2H」を心がけて
(P.86、158)

それでも不安に思ったらすぐ聞こう

→ 聞いていいのは1回までと心得て！

わからないことはすぐに聞いてOKだが、二度と同じ質問をしないで済むよう、きちんと答えを理解し、メモをとるなどして頭に入れる。

新人の発言は場に活気を与えるから

会議では積極的に発言しよう

新人は間違ってもいい、積極的に発言&質問を

新人は会議の内容がわからないのは当たり前。だが、事前に資料を読んだり、先輩に聞いたりして内容を把握し、自分の意見を持っておくことが大事です。話の内容がわからなくても、黙り込むのはNG。積極的に質問をしたり、間違いを恐れずに発言するのは、人前で話すことの練習になり、周りからの評価にもつながります。

会議の心構え

- 何のための会議なのかを把握
- 資料に目を通し、自分なりの意見を持つ
- 不明点はあらかじめ先輩に聞いておく

CHECK

事前準備・片づけにも参加しよう

- ☑ 会議室の予約や手配
- ☑ 機材のセッティング
- ☑ 飲み物の準備
- ☑ 資料の作成や配布

会議のマナー

- 席次（P.200）に従い、開始5分前には着席
- 携帯電話、スマホは鳴らないようにし、机の上には出さない
- 積極的に発言する

会議にもマナーがある。席次はお客様や上司が上座に。新人はすぐ動けるよう出入り口の近くの下座に座る。携帯電話やスマホは先輩たちが出したり、見たりしていても、新人はできるだけしまっておくこと。

新人は雑務を**手伝いながら参加**もする！

議事録係になったら……

- **書式は会社・部署ごとのフォーマットで**

  先輩が使っている議事録フォーマットにのっとって作ると間違いがない。

- **「欠席者にもわかる」を心がけて**

  議事録は「その場にいなかった人が読んでもわかる」を意識して作るといい。

- **正確さだけでなく「早さ」も必要。会議中から作成をスタート**

  議事録は後でいいやと思わずにすぐ着手。会議中に書き始め、終わり次第清書するくらいの気持ちで。

- **メモに夢中になりすぎないよう注意**

  議事録係は書記ではない。正確なメモは必要だが、参加しているという姿勢も示そう！

POINT **議事録係は仕事の流れを理解するのに最高のチャンス**

こまめな片づけで頭もすっきり

デキる人は机の上がきれい

なぜ整理整頓が求められるのか

- **机やパソコンは会社からの借り物**

  使っている机、パソコン、支給された文具などはすべて会社のもの。借り物なのだからきれいに使うのは当然！

- **探し物は時間の無駄**

  ビジネスマンは１年間に平均150時間も探し物をしているという説も。整頓された机は時間の無駄をなくす。

- **“机の上は脳の中” ともいわれます**

  机の上が整理されていると作業効率が上がるといわれている。目に入る情報量が減り、頭を効率よく使えるのだ。

きれいな机は仕事がはかどる秘訣

仕事がデキる人は机の上がきれい、というのはもはや定説。「断捨離」が流行りましたが、会社のデスクだって同じです。仕事を始める前や一日の終わりにタイマーをかけて5分ほど、片づけや断捨離。週に一度でもやってみて損はありません。また、パソコンのデスクトップやフォルダも同様です。片づけると驚くほどすっきり。

必ず業績が上がるといわれる

「5S」を心がけよう

整理	いるもの、いらないものを分け、いらないと判断したものは処分すること。
整頓	必要としたものは使いやすい場所を決め、きちんと置く。その場所は固定する。
清掃	身の回りや場所を、掃いたり拭いたりして清め、いつでも気持ちよく使えるようにする。
清潔	整理・整頓・清掃を心がけ、いつ誰が見てもきれいでわかりやすい状態を保つ。
しつけ	職場で全員がこれらの「S」を徹底し、ルールを守り、習慣づけること。

毎朝、5分でいいので**5S**を実行！

CHECK

まめな断捨離を習慣づけよう

机の上

余計なもの、捨てていいものが置かれていないか。拭き掃除も気持ちいい。

書類

最もたまりがちなのが書類。期限を決めて処分する（詳しくはP.193）。

デスクトップのファイル

作業のためについデスクトップにファイルを保存するのはやめたいクセ。

ダイレクトメール

受信箱にたまったダイレクトメールは処分するだけでなく届かない設定に。

かばんや財布の中身

毎日持って歩くものだからいつ見られても恥ずかしくない状態にしておこう。

やること

無駄なルーティンがあればやめてみる。上司からの指示ならやめる前に確認を。

POINT **人間関係も……** 捨てられない名刺、楽しくないのに会っている友人など人間関係の断捨離も（詳しくはP.194）。

片づいた状態を保つために

自分なりの**整理整頓ルール**を作る

机の上　効率的な配置を探ろう

電話は利き手の反対側に
利き手でメモ、反対の手で受話器をとれるような配置にしておこう（詳しくはP.114）。
パソコン回りはホコリに注意
パソコンは磁気によってホコリを集めやすい。劣化の原因にもなるので、こまめに掃除を。
使用頻度の高い書類を入れるボックス
すぐ取り出せる場所に置くファイルボックス。「左から入れる」などのルールを決める。
ゴミ箱
共同で使う場合も。なま物や臭うもの、水分があるものは絶対に捨てず、所定の場所へ。
防災グッズ
会社から支給される場合も。普段邪魔にならず、いざというときにすぐ出せる場所に。

使いやすく片づけやすい整理の法則を作る

会社から借りている机ですが、毎日使う自分が自分なりに使いやすくしておきましょう。出しやすいだけでなくしまいやすい、保存するだけでなく捨てどきを決めることが、ため込みを防ぎます。忙しくなってくると、持ち物も増え、なかなか整理整頓に気が回らなくなってきます。まずは法則を作って、それにのっとるのが正解です。

書類　いつ捨てるかを明確にするのがルール

案件ごとに A4クリアファイルに入れる

基本的に、進行中から書類はすべてA4クリアファイルに入れ、手の届きやすい場所のボックスに。

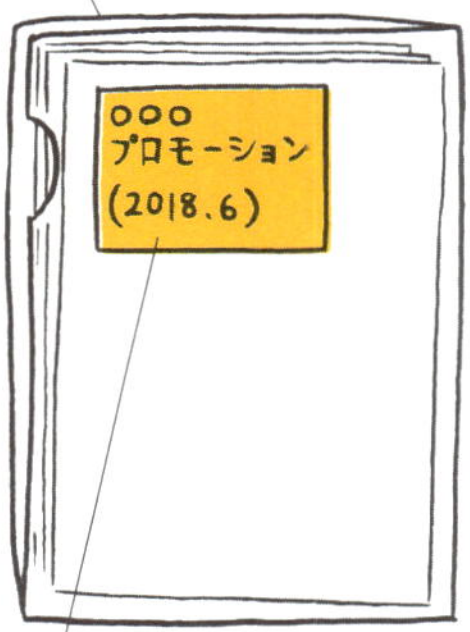

案件名をわかりやすく書く

フセンにプロジェクト名を書き、内側にはがれないように貼るなど自分なりの法則で保存する。

終了したものは ファイルボックスへまとめる

書類はクリアファイルにまとめ、プロジェクトごとにボックスへ。終了したものは保管用のものに。

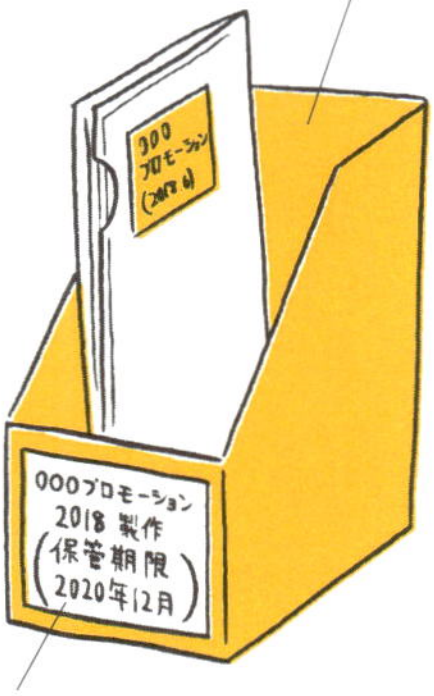

保管期限を書いておけば 迷わず捨てられる

「いつ捨てるか」を明記するのは重要。書いてあれば過ぎたときに迷わず処分することができる。

給与明細や辞令は 1年保管が目安

念のため、と思うが保管は1年を目安に。専用のファイルを設け、入れていけばバラバラにならない。

データ化するのもいい

保存する書類はデータ化する場合も増えた。スキャンして保存するが、その場合も保管期限は重要。

ファイルには必ず日付を入れる

案件名だけでなく、ファイルを作った年月日を必ず書く。名前順に設定しておけば日付順に並ぶ。

名刺　アプリも活用してすぐ出せる状態に

もらった名刺に
日付・特徴などをメモ

「誰だっけ」という状態にならないよう覚えにくい場合は日付などをメモ。相手の前では書かないこと。

自分に合った方法で保管

名刺の保管・活用は職種や仕事のスタイルで大きく違うので、自分に合った保存方法を模索しよう。

アプリ

最近、愛用者が急増中。写真を撮るだけで保管でき、検索してダイレクトにアクセスできる。

ボックスなど

名刺をひたすら入れていく箱形。引き出しにすっぽりしまえる。五十音順などで整理。

名刺ファイル

一覧性が高い収納法。並べ方は、時系列や五十音順、ジャンル別など自分なりの法則で。

人間関係　つき合いを考え直してみよう

×

- 会うと疲れる
- ストレスを感じる
- メリットがない
- 不平等

○

- また会いたい
- 癒やされる
- 元気になる
- お互いにメリットがある

これまで以上に大切に！

知り合った全員と仲良くし続けるのは無理。社会人は仕事でもプライベートでも忙しいのだから、自分にとって大事にすべき人を見きわめよう。価値観が分かれた学生時代の友だちなどは思い切って距離をおいたほうがいい場合も。

CHAPTER_11

来客対応と
他社訪問のマナー

取引先が自社に来たり、逆に訪問したり。
実際に顔を合わせるときは、
マナーを大切にして好感度を上げたいもの。

お客様をどうお迎えするか

アポがあってもなくても笑顔で

来てくださって嬉しい！そんな笑顔で出迎えを

出迎えた人の印象は会社の印象として刻まれます。相手が誰であれ、笑顔で出迎えましょう。相手がアポなし・初めての人だとしても、いつかその好印象がビジネスにつながる可能性があるからです。口角を上げ、"来てくださって嬉しい"という意味のほほえみを。新人らしい、はつらつさと初々しさで歓迎しましょう。

ケース1 アポイントのあるお客様を迎えに行く

● **受付等から連絡があったらすぐに向かう**

△△株式会社の○○様ですね。お待ちしておりました
では、会議室にご案内いたします

POINT 訪問者がほっとする笑顔で出迎えよう

特に初回訪問の場合、出迎えで会社の印象が決まることも。爽やかな笑顔で「明るくていい会社だな」と思ってもらおう。

ケース2 アポイントのないお客様がいらした場合

● 受付がある場合

△△株式会社の
○○様ですね。
失礼ですがお約束は
していただいて
おりますでしょうか

POINT

新人が受付に迎えに行く。アポがないとわかっていても確認を。用件を聞いて、上司へ。

● 受付がなく直接オフィスを訪問

いらっしゃいませ。
わたくしでよろしければ
ご用件を
うかがいますが……

POINT

飛び入りで来た人が部署まで直接来た場合。上司を呼ぶ前に、笑顔で用件を聞いて確認。

ただいま確認してまいりますので、
少々お待ちいただけますでしょうか

※ここでも笑顔を忘れないこと！

● 了承が得られた場合

では、応接室に
ご案内いたします

××は2階に
おりますので
こちらの
エレベーターで
お上がりください

● 上司の都合が悪い場合

○○様、あいにくですが
××は現在打ち合わせに
入っておりまして、
お目にかかることが
できかねる状況です。
わたくしでよろしければ
ご用件をうかがいますが……

POINT

上司が対応できない場合は自ら用件を聞き、資料があれば受け取って担当上司に渡す。

小さな気配りがたくさん！

お客様を安全にスマートに導く

やるべきことはお客様の安心と安全の確保

受付にお迎えに行った相手を、会議室などへ案内します。大切なのは、相手はこの会社にくわしくないということ。どこへ向かうのかを明らかにしてから歩き出すと安心してもらえます。移動中は相手の安全を確保すること、というと大げさですが、お招きした場所で事故がないのはマナーの基本。安全第一の行動をとりましょう。

お客様の安全を確保してご案内しよう

受付からの誘導

1 廊下などでは　やや先導しながら、ときどき目を見て、相手のペースで歩く。会話は無理をしないこと。

2 階段では　安全を確認するように、数段先を上がる。「○段ほど上がります」などあらかじめ言う。

POINT 常に案内者が先を歩く！

お先に失礼いたします。
足元に
お気をつけください

3 曲がるときは

いきなり曲がるのではなく、「右手にお進みください」などあらかじめ方向を示す。見えない場所に入るので、必ず一歩先に歩く。

4 ドアの開け閉めは

会議室などに着いたら、ドアの開け閉めも案内者の仕事。ドアのタイプはいろいろあるが、「蝶番《ちょうつがい》側の手で開ける」と覚えれば簡単。

引くドア

蝶番側の手で押さえる

蝶番側の手で引き、そのまま押さえ、反対側の手で中を示し、先に入ってもらう。

押すドア

先に一歩入って迎える

蝶番側の手でドアを開けて一歩入り、逆の手で奥のドアノブに持ち替え、中を示す。

上座にお通ししてお茶を出す

会議室にも上座・下座がある

応接室・会議室に着いたら

1 ノックをする

ドアが閉まっているときはもちろん、会議室に誰もいないとわかっていても、必ず不在を確認するノックをすること。

ノックは3回　3回は「入ります」という合図、2回は「入ってますか？」と尋ねるときに使う。

2 ドアを開け、入室を促す

P.199の要領でドアを開けて「どうぞお入りください」。相手が入るまでしっかりとドアを押さえておこう。

3 上座にお通しする

出入り口からいちばん遠い上座を、指を揃えた手で指し示す。いったんおじぎをし、ドアをそっと閉めて退出。

「あちらにおかけになってお待ちください」

席次について　基本的にドアから遠い席が上座だが、絵画などが飾られていたり、窓の景色がいい場合などはよく見える席が上座になる。

応接室

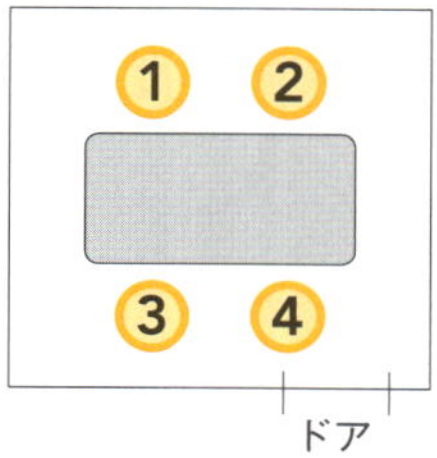

会議室

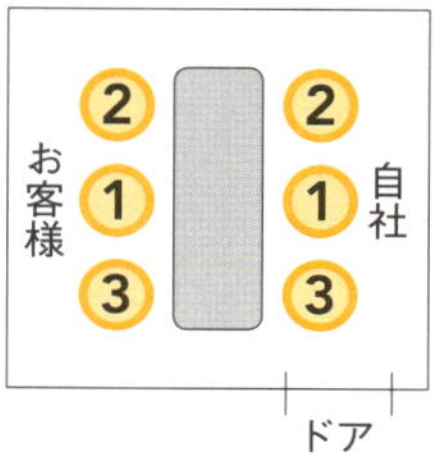

4 お茶を出す

“お茶くみ”を侮《あなど》るなかれ。お客様にお茶を出すことでコミュニケーションがとれ、さらにどこでも使えるマナーを身につけられる。

お盆にお茶入りの茶碗、茶托、台布巾をセット

お茶は茶碗に注ぎ、お盆にのせる。茶托といつでもふけるよう布巾を。

サイドテーブルやテーブルの隅にいったんお盆を置く

お茶の一時置き場はあらかじめ先輩に教わっておくとまごつかない。

お茶を茶托にのせ、お客様から順番に運ぶ

一時置き場で茶碗を茶托にのせ、そのつど上座から順に運ぶ。

ひと言添えて、お茶をお出しする

突然差し出すとぶつかることも。小さくひと声かけてそっと置く。

POINT 1 **2時間目安でお茶を替える**

会議などが2時間以上続いた場合はお茶を替える。緑茶ならコーヒーにするなど種類も替えるとなお喜ばれる。

POINT 2 **ペットボトルには紙コップをかぶせる**

お茶出しを簡易化してペットボトルを出す場合は、紙コップをかぶせ、お客様が注いで飲めるようにする。

次につながる見送り方

最後まで和んだ雰囲気で

お見送りでは、余韻を感じてもらいたい

お出迎えは第一印象が大切なのに対し、お見送りは「余韻」。最後までいい仕事相手だと思ってもらえるようにふるまいましょう。

廊下や階段も一度通ったところなので、安全第一というよりも、親しみを込めて雑談などで空気を和ませます。ここではビジネスを離れ、天候や会社の近くにある名物などについて話しましょう。

お見送りの流れ

1 応接室・会議室から出る際に、身支度を促す

相手はマナーとして建物の外に出るまで上着を着られないが、こちらから提案すれば着られるので、特に冬場は身支度を促す。

外は寒いのでコートをお召しになってください

2 廊下を歩いてお見送りするときは天気などの雑談をしながら

帰りの廊下ではビジネスを離れた会話をして空気を和ませる。内容は気候やスポーツなど誰もが共感できることがいい。

急に暑くなってきましたね

梅雨はいったいいつあけるんでしょうね

3 エレベーターホールでご挨拶する

ほとんどのお見送りはエレベーターホールまで。雑談モードから、一気にビジネスモードに戻すとメリハリがつきます。

> では、次回○月×日の
> お打ち合わせも
> どうぞよろしくお願いいたします

> では、すぐに○○の資料を
> 手配してお送りいたします

POINT

次のアクションを明確に！

この面会の次のアクションは誰が何をするのかを明確に。お別れの挨拶の一部です。

4 エレベーターが完全に閉まるまで最敬礼

お客様がエレベーターに乗り込んだら最敬礼（P.56）。目の端でエレベーターの扉が完全に閉まったことを確認したら頭を上げる。

お見送りは**余韻を大切に。**
すぐに**お礼のメール**を送ろう

CHECK

会社の外までお見送りする場合

見えなくなるまで見届ける

丁寧なお見送りでは玄関口や、玄関の外までという場合も。見えなくなるまで頭を下げるのがセオリー。

POINT 相手が改めて振り返り、頭を下げたら「（社屋へ）お入りください」の合図

時間のゆとりが心のゆとりに

約束の10分前到着、定刻受付

早めに到着

訪問先には10分前までに到着しておく

遅刻はもちろんのこと、ギリギリ行動もNG。遅くとも10分前には現地に到着したい。誰に見られているかわからないので、節度のある行動をとろう。

- **電車の改札くらいからマナーを意識**
- **冬なら訪問先に入る前にコートを脱ぐ**

POINT

万が一早く着いてしまったら近くのカフェなどで待って。

定刻に受付

早く着いても受付は定刻にする。定刻になるのを待つ間はカフェや受付近くのソファなどで仕事の準備を。スマホでゲームをしたりするのはもちろん、読書もマナー違反。

POINT 1　有人か無人かで受付では名前を言う順番を変える

自分の名前を名乗る → 約束相手の名前を言う、という順番が本来のマナー。ただ、最近では受付の人がリストから名前を探しやすいため、先に相手の名前を言うと親切。

POINT 2　きりのいい時間は“アポラッシュ”に注意！

10時や13時はアポが入りやすい時間。来客の多い会社では受付に訪問者が殺到することもあるので、この時間は避けたり、あらかじめ受付に言っておくのも奥の手。

受付が済んだら

指定された場所に浅く腰かけて待つ

受付の人に言われた場所で迎えを待つ。誰が来てもすぐに立ち上がって挨拶ができるようイスには浅く腰かけ、静かに待とう。

NG
- ✕ くつろぎすぎ
- ✕ スマホに集中
- ✕ 大声で話す

神妙な表情で
かばんは床に置く

出迎えの人が現れたら

すっと立ち上がって爽やかに挨拶する

迎えにきてもらったら、嬉しい気持ちを笑顔で表現。座っていたときの神妙な面持ちとメリハリをつけよう。軽やかに立ち上がり、新人らしい元気な挨拶をしよう。

表情にメリハリを
かばんを持つ
名刺交換はまだしない

万が一、遅刻をしそうなときは

大変申し訳ございません！
電車が遅れまして、◎◎駅からタクシーで
○時○分までにうかがいます

交通機関の乱れなどで遅れる場合は早めに連絡し、状況と、余裕を持った到着時間を告げる。

待つ間に準備を整える

いつでも始められるように

応接室・会議室に通されたら

1 出迎えの人について進み、会議室へ

出迎えの人のあとについて応接室・会議室に通される。「こちらにおかけになって……」とすすめられたら、お礼を言ってから席に向かい、荷物を置いて腰かける。

POINT すすめられなかった場合は末席へ

案内の人のミスで「こちらに」と言われなかった場合は勝手に上座に座らず、下座に。

訪問先では誰に見られていてもいいふるまいを

訪問した会社では、P.196からの「出迎え」とまったく逆の立場になります。相手の気配りに対し、逆に配慮した行動をとりましょう。また取引先でも「○○社の新人はどうだ？」と思っている人がいるかもしれません。担当者が視界にいなくても、誰に見られていても恥ずかしくないふるまいを心がけてください。

2 会議室で打ち合わせ相手を待つ

会議室はひとり、または身内だけになりますが、いつ相手が入ってくるかわからない。打ち合わせの準備を整えて静かに待とう。

姿勢を正す

いつ相手が入ってきてもいいよう、シャキッとした姿勢で待とう。

コートは背中と背もたれの間に

コートを着ていたら、裏地を外側にしてたたみ、背中の後ろに。

名刺入れや筆記用具、書類などを準備

打ち合わせで使う道具や資料はすべてかばんから出し、机の上に並べておこう。

スマホはバイブ音を含めて鳴らないよう設定

携帯電話・スマホは電源を切るか機内モードにして、完全に音が出ない設定に。

お茶はまだ手をつけない

お茶は相手が部屋に来て、飲み始めてから一緒に口をつけよう。

すぐ立てるよう浅く座る

誰かが入ってきたらすぐに立って挨拶ができるよう、浅く座る。

かばんは床に置く

ビジネスシーンでは、かばんは男女ともにイスの左側の床に置く。

改めて頭の中で訪問内容を整理する

短いながら打ち合わせ内容を最終確認できる時間。脳内でチェック。

美術品など飾られたものや景色などを眺めて待つのも印象がよくなる！

美術品や景色が見やすい席に上座として通された場合、じっくりと眺めているのも好印象。「素晴らしいですね」と感想を述べるのも◎。

名刺は**その人そのもの**と考えて

大切に扱っているところを見せるのも◎

名刺は相手にわかりやすく丁重に、恭しく扱う

名刺は小さな紙片ですが、大切に扱わなければなりません。その人の情報がまとめられているのですから、個人情報として、また、その人の分身というくらい丁重に扱います。ここで重要なのは、それをわかりやすく示すこと。こっそり丁寧に扱っても意味がないので、「頂戴いたします」と口に出し、恭《うやうや》しくしまいましょう。

名刺はその人の分身。
丁重に扱うのがマナーです

↓

この気持ちがあれば
丁寧な動作になるはず

CHECK

名刺の扱い方

- ☑ 余白の部分を持つ
- ☑ 名刺入れにしまうとき
「頂戴します」とつぶやく
- ☑ かばんに入れるときもそっと大切に
（相手に見えるように）

NG行動

- ✕ 予備を財布などから直接出す
- ✕ そのままポケットなどに入れる

名刺交換の流れ

名刺交換はビジネスにおいて人間関係のスタート地点。小さなコツを積み重ねて、初めての相手に好印象を与える名刺交換を！

1 名刺を相手に向けて名刺入れにのせ、正面に立つ

少し横を向いて名刺入れから名刺を取り出し、名刺入れを“ざぶとん”にしてのせ、相手の正面へ。

2 挨拶・自己紹介 → 名刺交換。行動と言葉を分けると美しい

目を見て挨拶。手の動きと挨拶は分ける。同時交換の場合は右手で名刺を差し出す。渡すのみなら両手で。

3 視線を名刺に落とし、「頂戴いたします」と受け取る

差し出された名刺を受け取り、視線は名刺に。「貴重なものをいただいた」という雰囲気で扱う。

4 名前を口にし、「よろしくお願いいたします」と挨拶

「○○様ですね」など名前を口に出すと共感＆記憶の定着に。“知り合えて嬉しい”笑顔で挨拶を。

5 受け取った名刺はいったん名刺入れの上に置き、机に並べる

名刺入れを下にして名刺をのせる。このときも「大切なもの」として飲み物のそばなどは避ける。

6 面談が終わったら丁寧に名刺入れにしまう

しまうときは相手の目の前で丁寧に名刺入れに入れ、かばんへ。再度「頂戴いたします」のひと言を。

名刺交換Q&A

知ってさえいれば堂々とふるまえます。
小さな疑問を解決して、頭に入れておきましょう。

Q 名刺入れを忘れてしまいます。対策はありますか？

A 忘れない対策を何重にもしましょう

あちこちに名刺を入れておく。財布と手帳はもちろんのこと、100円ショップのものでよいので予備の名刺入れを買っておき、会社の引き出しや予備のかばんなどに入れておこう。

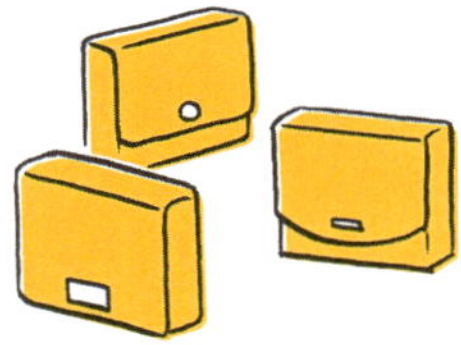

ヒント1 安い名刺入れをいくつか用意して分けて持ち歩く

ヒント2 財布や手帳など名刺入れ以外にも入れておく

Q 名刺がすぐ出てこなくて、毎回大慌て

A 定位置を決めて、必ずそこにしまいます

男性はスーツの内ポケットで決定。女性はバッグのポケットに。複数ある場合は、ココと決め、毎回そこに戻す意識を。

Q 複数人同士のときの名刺交換順がわかりません

A 上司同士が最初、次は新人と相手の上司

複数での名刺交換の動線は複雑。基本は右の図だが、位置関係などで臨機応変に。その場合は「ではお先にご挨拶を」などと、“わかっているけれどあえて”ということがわかるように口に出すといい。

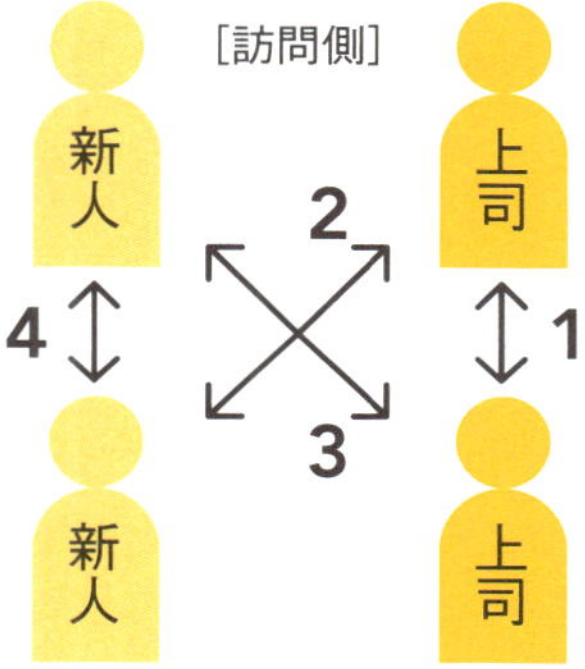

Q 机に並べる順番がわからなくなりがちです

A いただいた名刺を順番に重ねていけばOK

席次順にご挨拶をしていれば、順番に重ねるだけで席順と同じになるはず。受け取ったら名刺入れの下にいったん預け、下から重ねていく。

Q 相手の印象に残る名刺交換ってありますか

A 名刺のひと言感想から雑談を広げて

名前やデザインの感想などから会話を。特に「共感」ができるといいので、何か自分と共通点を見つけて雑談にできるとベスト。

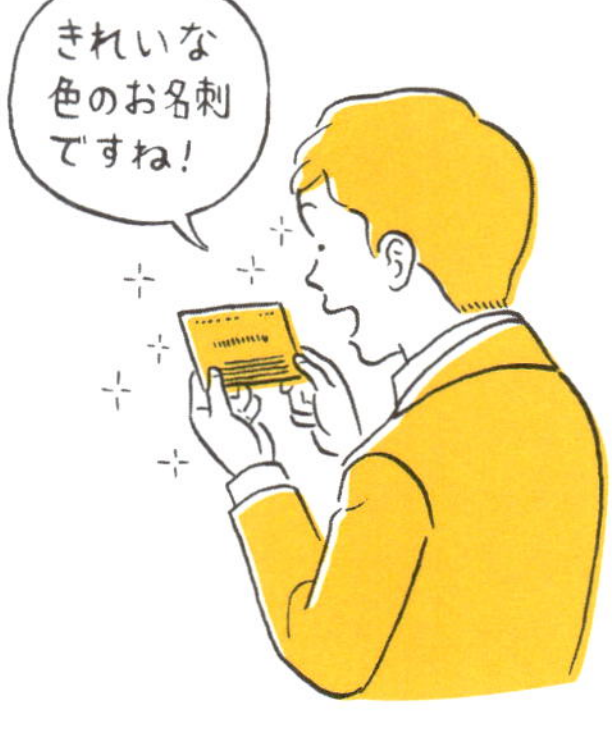

相手の信頼を得る打ち合わせ・商談

勢いでの即答、断言には要注意

打ち合わせ・商談中のマナー

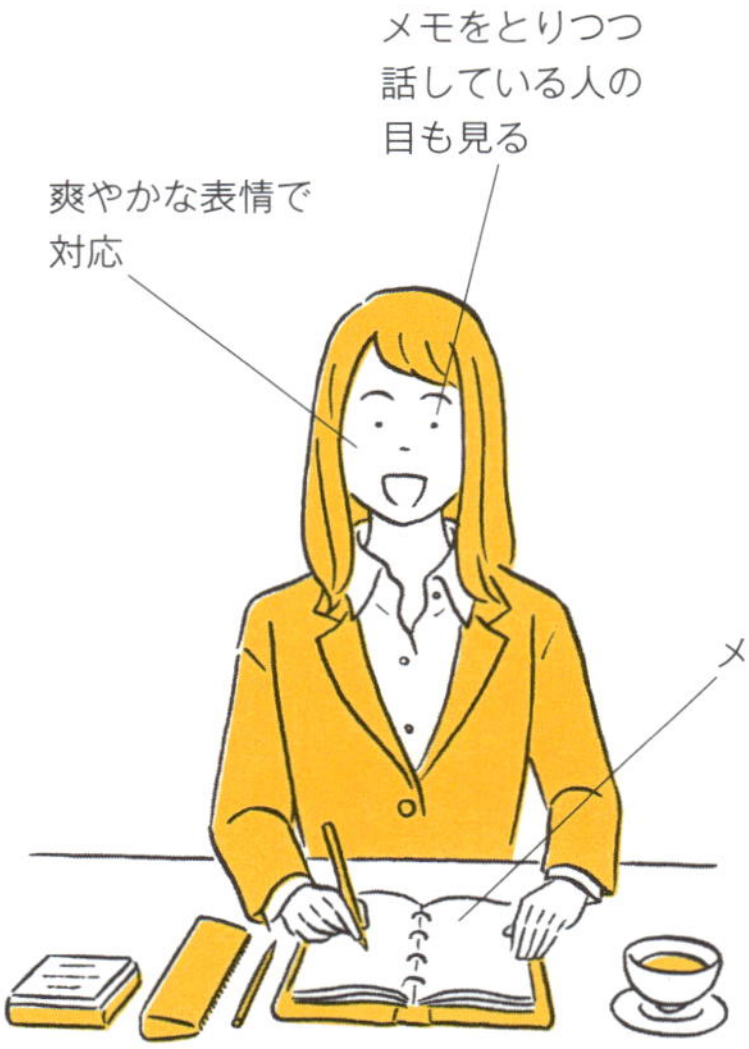
メモをとりつつ話している人の目も見る
爽やかな表情で対応
メモは正確にとる
メモに自信がなければレコーダーを
※使う場合は了解を得る

ひとりでの打ち合わせは上司の目がないので、緊張したり、自由にふるまいすぎたり。話しすぎや安請け合いもNGだし、あまりにもガチガチでしゃべれないのもマナー違反に。

CHECK

サンドイッチ法で話してみよう

挨拶 → 雑談 →
相手のメリット → デメリット → メリット
→ 次のアポイントやアクション → 挨拶

緊張するのはどう話していいかわからないから。どういう順番で何を話すかを整理しておくと緊張が減る。実は挨拶直後の雑談が重要で、コミュニケーションが円滑になり、信頼感を得るチャンス。ただ長くなりすぎないように注意して。また、デメリットをメリットで挟むと伝わりやすい。

新人には即答できないことが多い

↓

勢いで**不用意な発言**をしないように注意

新人には決定権がないことも多いが、相手は結論を求めてくる。プレッシャーに負けず、「いつ結論が出るか」だけを明確にしておこう。

例 1　✕ すぐご用意いたします

〇 本日●時までにご用意いたします

同じ「即日」でも似て非なる表現。「すぐ」の基準は曖昧なので避けよう。

例 2　✕ わかりしだいお伝えします

〇 明日の午前中にいったんご連絡いたします

相手を待たせたり、「そろそろでは？」と思わせるのはストレスをかけている。

→ 相手を煩わせている

約束を破るのは**会社の信頼**に関わります

社外では情報漏洩&噂話に注意

喫茶店打ち合わせでの注文はコーヒーを

打ち合わせをする喫茶店選びにもセンスが問われる

相手の都合などで、オフィスではなく喫茶店などで打ち合わせや商談をすることもあります。社内と違い、不特定多数の人がいる空間では会話の内容に気配りが必要です。喫茶店自体の選び方も大切で、机が大きめで資料を広げられ、席間もゆったり。あまり複雑な立地や騒々しいお店も避けたいので、雰囲気もチェックしましょう。

オフィスではなく、喫茶店などでの

打ち合わせの流れ

1 新人はまず席を確保

喫茶店で打ち合わせをするとき、「席がない」のは時間の無駄！　新人は早めに行って席を取るのが重要な仕事だ。わかりやすい席に座っておこう。

スマホはマナーモードに。
相手が到着後オフにする
資料などを
準備する
注文は
しないで待つ
浅く腰かけて
待つ
かばんは
床に置く
MENU

2 相手が着いたらメニューから選んでもらう。基本はコーヒーを

相手が入ってきたら立ち上がって挨拶。必要なら名刺交換を済ませ、飲み物を選んでもらう。テーブルのスペースをとらないコーヒーがおすすめ。

POINT 受け取った名刺は外ではすぐにしまう

名刺は個人情報が満載。通りすがりの人に見られたり、落とさないように外ではすぐしまおう。

3 声のボリュームに気をつけて話す

公共の場で大声で話すのはマナー違反。ただ、自分の声が小さいと自覚していて、店がある程度うるさい場合は、逆に少し声を張って話す。

POINT 噂話、機密情報の漏洩に注意

基本的に外では「誰が聞いているかわからない」を前提に。わかりやすく小声で話そう。

4 会計する場合は「もう少し残りますので」のひと言を。ごちそうになる場合はお礼を述べて一緒に出る

会計は基本的に「取引上お金を受け取る側」が払う。新人とベテランの場合で「ごちそうするよ」と言われたら、無理せず甘えてもいい。

相手との**関係を深める**チャンス

一緒に食事することで実りの多い時間にしよう

会食の心構え

仕事相手との会食は仕事の一部

↓

相手や上司に恥をかかせず、
実り多い時間にしよう

目の前のビジネスだけでなく、
人間同士のコミュニケーション
を深め、円滑にするチャンス

**お互いに意外な一面を知って
その後の人間関係が変わる**

先輩や上司に連れられて、会食に参加することも多くなります。疲れていて帰りたい日もあるかもしれませんが、普段は仕事の話しかしない取引先とのコミュニケーションは、お互いを知ることで人間関係を深めてくれ、長いおつき合いになるかもしれません。また、さまざまな気配りを学ぶチャンスと心得て、積極的に動きましょう。

店選びから任されたら……

特に接待では新人が会食の店選びを任されることはまずないが、大人数での宴会やカジュアルな会食ではあり得る。上司は名店を期待しているというより、「若い感性で面白い店を」くらいの気持ちのはず。肩肘張らずに提案しよう。

- 場所は**相手のオフィスから便利な場所**に
  （可能なら住んでいる場所へのアクセスも考慮）
  ＋ もしわかれば相手の好みを考慮 → 店を選ぶ
- 予約の前に**上司に確認**
  ＋ 予算とメンバーも最終確認 → 予約する
- 予約名は**「会社名 ＋ 自分の名前」**
  （上司同席の場合は上司の名前）

会食の日が近づいたら……

お店の手配を担当したら、出席者への連絡も仕事のうち。予約の時点で全員に連絡し、さらにリマインドも行おう。出席者だけでなく、お店にも念のため予約を確認。上司に相談しながらでいいので、気配りを形にしていく。

- 店に予約の確認
- 必要なら手みやげや送迎の手配
- 二次会を想定するかどうか
- 先方への最終確認
  出席メンバーに予約名、地図のリンク、
  簡単なアクセス情報などをメールする。

POINT 店選びは会食のコンセプトを決めて

打ち上げなら案件の内容に合わせる、お祝いなら本人の出身地の料理など意味を持たせると選びやすく、場も盛り上がるはずだ。

食事の席次

食事の場でも席次は重要。基本は出入り口から遠い場所（和室は床の間側）が上座。少し早く行ってお店の人に確認しても。

洋食

個室を含め、入り口から遠い場所が上座となる。ただ、絵画や景色などが見やすい席を上座とする場合も。いちばん居心地のいい席を。

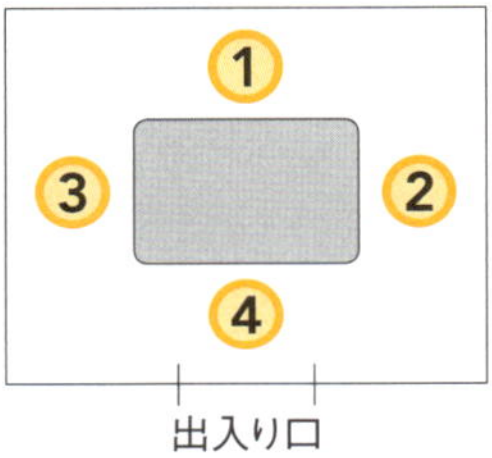

和食

床の間側が上座。2人なら床の間に近いほう、3人以上なら床の間側中央が最上位となる。下座も中央が上位、出入り口近くが最下位。

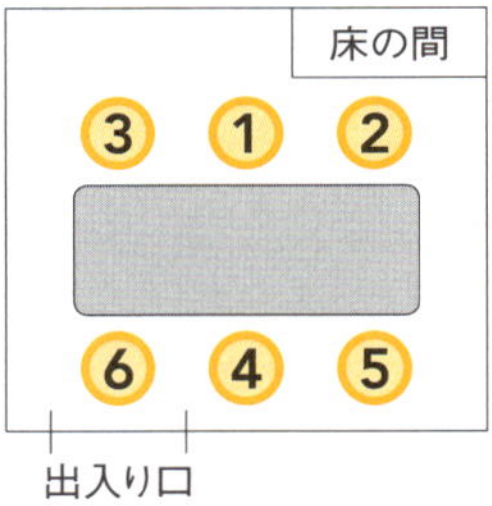

中華

円卓の場合、出入り口から最も遠い席が最上位で、時計の進む方向に並ぶが、奥から交互に座る場合も。装飾品も多いので確認を。

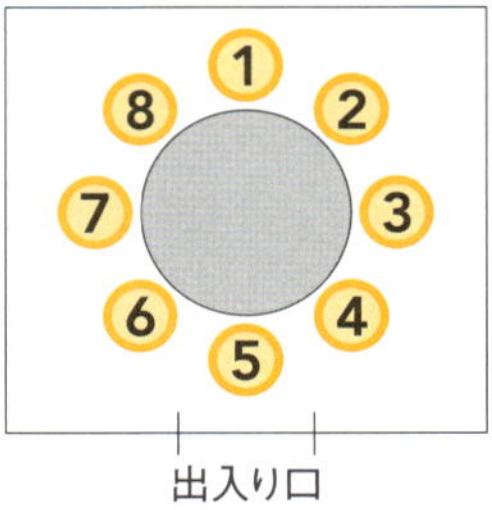

カウンター

少人数で利用する場合が多い。出入り口から遠く、カウンターの奥が上座となる。3人以上で並ぶ場合は、中央が上座となる。

基本の食事マナー

笑って許されるのは学生時代まで！　会食では
最低限のテーブルマナーを習得して出席。

箸の上げ下ろし

手元を見られることも多い箸の扱い方。正しい持ち方をするのはもちろんのこと、所作にも気を配ってみよう。

1

箸の中央よりやや右を、右手の中指と人差し指、親指で持ち上げる。

2

左手の指先で下から支える。右手をすっと右に動かす。

3

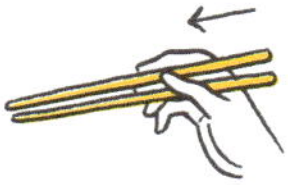

右手を先端まで動かしたら上から下へ滑らせ、正しい持ち方に納める。

ナイフとフォーク

ずらりと並んでいたら外側から順に使う。ナイフ・フォークは手でふんわり包み、人差し指を上に添える。

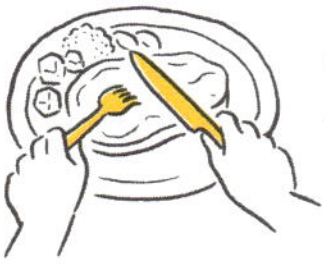

右手のナイフで料理を切り分け、左手のフォークで刺していただく。

食べ終わったらナイフとフォークを揃え、斜め右下か水平に置く。

ナプキン

注文後、料理がくる前に膝の上に広げておく。こぼしたときや口元の汚れを拭くのが目的。食べ終わったら無造作にテーブルへ。

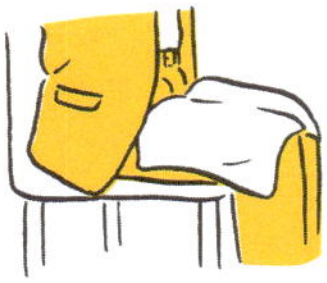

二つ折りにして、わを手前に膝にかける。口元を拭くときは、ナプキンの裏側を使おう。

POINT　中座するときはイスに置く

トイレなどに立つ場合は、ふんわりとイスの上に置いて中座する。

中華料理

円卓の場合、主賓がまず大皿からとり、時計回りに隣へ回す。食べきれる分を前提にしてとり、とった料理を残すのはマナー違反。

自分の分は自分で、座ったままとる。遠慮して料理が減らないときは新人が張り切って！

POINT　茶碗や皿は持ち上げない

ご飯茶碗以外持ち上げてはいけない。スープを飲むときはレンゲを。

会食③

お酒の席は飲みすぎず、楽しませる

飲み会ではないと肝に銘じて

会食でのお酒＝**おもてなし**

大人の社会でお酒を酌み交わすことはおもてなしの意味があります。“相手を楽しませる”を基準に、自分も一緒に楽しむのがマナー。

学生時代の飲み会とは別物。
ただし、相手も楽しい時間を過ごしたい

→ 新人の役目は**酔わずに盛り上げること**

一緒にお酒を飲むことで人間関係をもう一歩深める

学生時代の飲み会は、自分が楽しむもの。社会人のお酒はおもてなしです。でも、ビジネスライクになりすぎれば相手は楽しくありません。一緒にお酒を飲み、“酔わずに”盛り上げるのが新人の役目です。お酒の席は必ずコミュニケーションを深めてくれます。「また飲みたい」と思ってもらえる相手になりたいものですね。

新人がやりがちなお酒の席の NG行動

✕ 酔っ払う

相手も上司もお酒をすすめてきますから、飲みすぎには注意。特にお酒好きな相手の場合はサプリなどを飲んで。

✕ 仕事の話ばかり

せっかくプライベートな時間をいただいているのだから、ここでは別の話を。メリハリをつけて好感度アップ。

✕ 社内の噂話

噂話を面白がってくれるかもしれませんが、「自分の話も外でされてるんじゃ」という不信感を抱かせるかも。

✕ 機密事項を話す

やはり自分の秘密も守ってもらえない印象に。酔った勢いでの話しすぎは、トラブルの原因になりかねない。

✕ スマホばかり見ている

仕事のメールだとしてもお酒の席でのスマホは「つまらないです」と言っているようなもの。その場に集中！

「また行こうよ」と言われる別れ際とは

- 「そろそろお開きに」と言われたら、まず「本日はありがとうございました」
- 別れ際には再度お礼
- タクシーが見えなくなるまで見送る。電車の改札口でも同様

POINT 翌朝にはお礼のメールをすぐ送ろう

帰り際にもしっかりお礼、翌朝にはメールで再度お礼をする。自分側が支払ったとしても「いただいた時間」にお礼が必要なのだ。

移動時の乗り物の席次

乗り物で移動するときにも席次はある。基本的に奥が上座だが、奥に行きにくい場合などは手前の席へ誘導する。

タクシー

タクシーや誰かの運転手が運転する車の場合。助手席に最も下位の人が座り、料金の支払いもする。

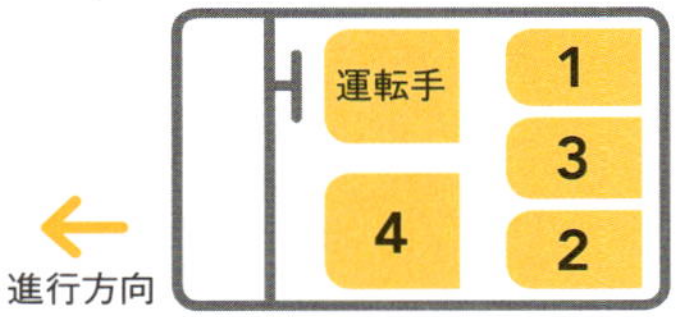

個人の車

特に運転する人が上司や取引先の場合は助手席が上座になる。最も下位は、後ろの席の真ん中。

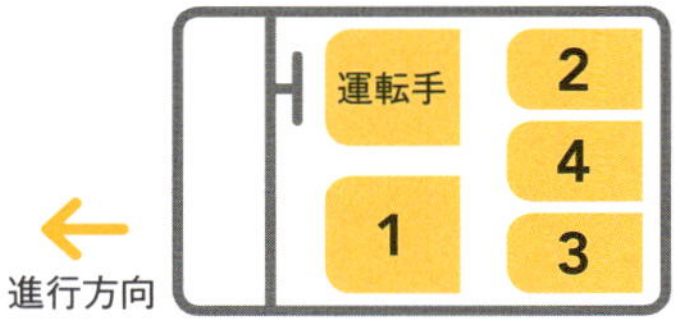

新幹線や飛行機

基本的に窓側が上座。向かい合う場合は進行方向に向いたほうが上座になる。飛行機は通路側を好む人も多いので、本人に確認を。いずれにしてもその人の“いちばん快適な状況”をすすめる。

CHAPTER_12

お悔やみのマナー

訃報はいつ届くかわからないもの。
故人を偲び、遺族を思いやることを忘れず
失礼のないひと通りのマナーを覚えておこう。

訃報が届いたらやるべきこと

まずはお悔やみの言葉を伝える

お悔やみごとは いつあるかわからないもの (準備もしてはいけません)

訃報は突然に届くもの。だからといって、普段から香典袋などを用意しておくのは不作法とされます。実際は総務などに買い置きがあったり、ロッカーに黒いネクタイを置いておいてもいいのですが、遺族にはあくまでも「突然のことで」というスタンスで接すること。

訃報が届いたら

1 まずはお悔やみの言葉を

新人は電話をとるので最初に訃報を受けることも。自分自身は知らない方でも、会社はお世話になっているので、心を込めてお悔やみの言葉を述べよう。

> ご愁傷様でございます。
> このたびは突然のことで……

2 次に以下の事項を確認する

参列すべきか手伝うべきか、状況を判断できる材料を揃える。ただし、相手は悲しみの最中にいることを忘れず、聞き方が事務的にならないように注意。

- **亡くなった方のフルネーム**
- **通夜・告別式などの日程や場所**
- **喪主の氏名と続柄**
- **宗教・宗派**
- **供花・花輪・弔電の受付**
- **会社から手伝いが必要かどうか**

3 香典を包む

準備していたという印象を避けるため古いお札を使うのがマナーだったが、逝去から日にちがある場合は新札でも。

- **香典袋は宗教・宗派によって異なる**
- **「御霊前」はほとんどの宗教・宗派で使うことができる**

中包み（裏）

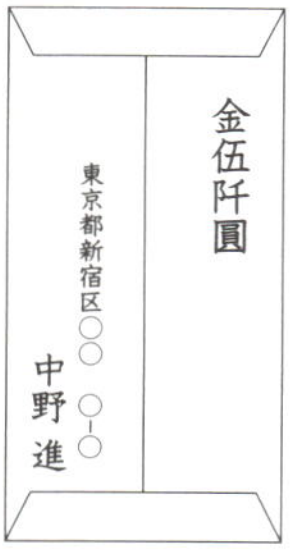

所定の位置に、旧字で納めた金額と住所・名前を書く。連名の場合は代表者のみでOK。

お札の肖像が後ろ向きになるようにして入れる

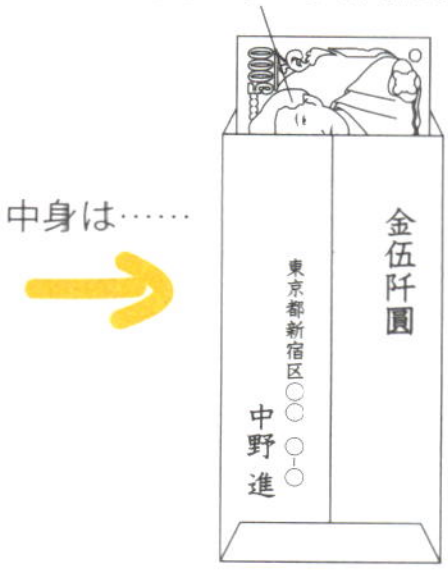

肖像があるほうがお札の表。裏向きに入れるとされているが、地域などにより違いもある。

外包み（表）

名前は薄墨で下段中央に。社名を入れる場合は名前の右側。連名の場合は右が目上となる。

外包み（裏）

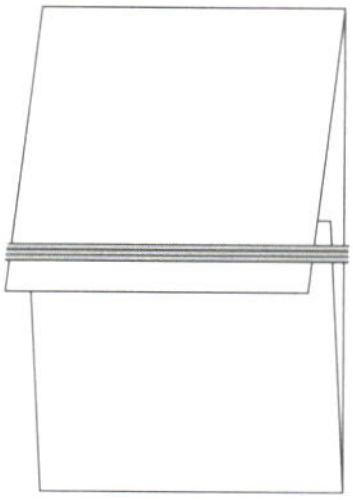

まず下側を折り上げ、水引の内側に入れる。上側をかぶせるように折り、水引に入れる。

表書きの名称

仏式

「御香典」「御香料」
浄土真宗は「御仏前」

神式

「御《おん》玉《たま》串《ぐし》料《りょう》」「御《お》榊《さかき》料《りょう》」
「御神前」

キリスト教

カトリックは
「御ミサ料」
プロテスタントは
「御花料」

相場は一般的に3000～5000円

新人で、故人が同僚やその家族なら3000円。直属の上司や友人は5000円が相場。取引先など仕事関係は上司と相談し、5000円以上を包むことが多い。多すぎるのも失礼に当たるので、まずは周りと話し合って決めよう。

供花・弔電を手配する

出席できなくても気持ちを伝える

滞りなく、心を込めて故人を送りたい

訃報があると、新人はお花や弔電の手配を指示されることがよくあります。悲しんでいる相手に失礼がないように随時確認しながら進めましょう。自分が恥をかくだけでなく、会社のイメージを損なってしまうこともあります。ただ、供花や電報の申し込みは、慣れていない人でもわかりやすいようになっているので、心配なく。

供花を贈る

お花の手配を指示されたら、通夜・葬儀の案内にある葬儀社指定、または会社に出入りしている生花店に連絡をとろう。

花輪の手配

葬儀場の外に飾られるもの。大きくて値段も高く、会社から贈ることが多い。通夜・葬儀の案内にある問い合わせ先に連絡すれば、値段などは決まっているので従えばいい。

葬儀社に
手配してもらおう

生花の手配

個人的に贈るなら生花を、通夜の午前中に会場に着くよう手配しよう。やはり案内にある連絡先に注文するのがおすすめだが、なじみの生花店に注文してもいい。

白を基調に故人が
好きな花なら薄い色でも

弔電を送る

弔電とは、遺族に送る電報のこと。通夜にも葬儀にも出席できないとき「駆けつけたい気持ち」を送る。香典も同時に現金書留で。

インターネットから申し込む

- **日本郵便のレタックス**
- **NTTグループのD-MAIL**
- **ソフトバンクグループのほっと電報**

葬儀場に直接送る

弔電は自宅ではなく、葬儀場に送る。基本的には喪主宛てに送るが、例えば、友人の家族がなくなった場合、その友人が喪主でなくても友人宛てに送るのはマナー違反ではない。

宛名の書き方

○○○○（喪主または友人のフルネーム）様　または

故○○△△様御遺族様

必ずフルネームで。ただし、会社関係の方で喪主の名前がわからないときなどは、故人の名前に「御遺族様」「遺族ご一同様」などとつける。その場合も故人名はフルネームで。

弔電の文面は定型文を利用するのがおすすめ

仲のいい友人なら思い出などエピソードを入れてもいいが、ビジネスのおつき合いなら、電報の定型文をアレンジするのが無難。ただし、敬称は気をつけて入れる。

敬称は……	父親	**ご尊父様**	兄	**ご令兄様**	息子	**ご令息様**
	母親	**ご母堂様**	弟	**ご令弟様**	娘	**ご令嬢様**
	夫	**ご主人様**	姉	**ご令姉様**	祖父母	**ご祖父様／ご祖母様**
	妻	**ご令室様／ご令閨様**	妹	**ご令妹様**		

同時に現金書留で、ご自宅に香典を送る

弔電を送ると同時に、香典も用意。こちらは必ず自宅宛てに現金書留で。普通郵便はマナーとしてNG。

遺族の悲しみに寄り添って

通夜・告別式に参列する

通夜・告別式の服装

喪服はただ黒い服を着るだけではなく、多くのマナーがある。遺族に失礼がないよう身だしなみを整え、列席する。

ヘア&メイク
髪は顔にかからないようまとめ、整える。メイクは控えめにしよう。

スーツ
急な場合は黒基調の地味な服装。時間がある場合の通夜、葬儀は黒の喪服。

シャツ
白いワイシャツ。しっかりとアイロンがかかって清潔なものを着る。

アクセサリー
一連パールのネックレス、ひと粒パールのイヤリングにとどめて質素に。

ネクタイ
黒で布製、光沢のないもの。不祝儀用として売られているものがベスト。

バッグ
小ぶりの光沢のない黒いハンドバッグ。荷物が多ければ、地味なサブバッグを用意。

スーツ
急な通夜は濃紺かダークグレー。時間がある場合の通夜、葬儀は黒喪服。

ストッキング
薄手の黒いストッキングのみ。冬場でもタイツをはくのはマナー違反。

靴&靴下
シンプルで光沢のない黒の革靴。黒で無地の靴下を合わせよう。

パンプス
装飾・光沢のない黒の3㎝ヒールがベスト。サンダル・ブーツはNG。

通夜は「平服OK」というけれど……
今は逝去当日の通夜は少なくなっている。以前は「駆けつけるのだから完璧な喪服はNG」といわれていたが、やはり普段着やおしゃれをした服装はお悔やみにはそぐわない。

弔問の流れ

バイブのみでも×！

0 受付の前に必ず携帯電話の電源を切る

受付する

1 お悔やみを述べる

このたびはご愁傷様でございます

緊張していると忘れがち。まずは、故人へのお悔やみの言葉を受付（故人の身内と考える）の人に対してひと言添えるようにする。

2 香典を渡す

香典はあれば袱紗《ふくさ》に包んで持っていく。以前は袱紗ごと渡したが、今はたたんだ袱紗にのせて差し出すのが一般的。

POINT

代理で弔問するときは

左下の角を折るか、右上の余白に「弔」「代」の字を書いた名刺を預かり、受付のときに預かってきた香典と一緒に渡す。

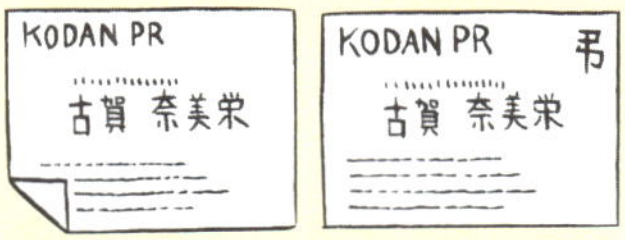

3 記帳する

芳名帳にフルネームと住所を書く。会社の一員としての弔問なら会社の住所、個人的な弔問なら自宅の住所を書く。

4 待機所へ行くか、列に並ぶ

案内係の指示にしたがって、弔いの列に並ぶ。待機所に案内されることもある。いずれにせよ静かに指示に従おう。

5 お焼香をする 仏式

いちばん多い（90%以上）とされるのが仏式の通夜・葬儀。香を焚いて心身を清め、お参りするための作法。

1

順番がきたら祭壇の前まで進み、きちんと止まって遺族に一礼。

2

焼香台の直前で再度遺族に一礼。祭壇を見て、合掌し一礼。

3

右側にある抹香(粉末の香)を右手の親指·人差し指·中指でつまむ。

4

頭を軽く下げて目を閉じ、額まで抹香を掲げる。左の香炉に落とす。

5

お焼香は宗派によって1～3回、混んでいる場合は1回。合掌。

6

遺影のほうを向いたまま1～3歩下がり、僧侶と遺族に向かって一礼し、体の向きを変えて戻る。

玉串を捧げる 神式

神式では榊の枝の玉串を捧げる「玉串奉《ほう》奠《てん》」を行う。通夜・葬儀の前に用意された水で手と口を清める。

1

順番がきたら祭壇に進み、遺族に一礼。神職に一礼し、玉串を受け取る。

2

持ち方は、右手は上から根本を包むように、左手は先端を下から支える。

3

祭壇に進み、一礼する。いったん右手（根本）を手前にして縦にする。

4

両手を入れ替え、右回りに反転させ、根本が奥の縦にする（右手が手前）。

5

玉串を玉串案にお供えし、一歩下がり、音を立てずに二礼二拍手一礼する。

6

祭壇に向いたまま1～3歩下がり、神職と遺族に向かって一礼する。

献花する　キリスト教式

カトリックとプロテスタントで異なるが、マナーを覚えておきたいのは献花。菊などの長くて白い花をお供えする。

1

献花の前にミサや祈禱がある。カトリックでは聖歌を全員で歌う。

2

順番がきたら花を受け取る。左手で根本を包むようにし、右手で花を支える。

3

花を横に持ったまま、遺族に向かって一礼し、献花台の前に進む。

4

左手で持っている茎が祭壇のほうへ向くよう、右回りに90°回転させる。

5

そのまま献花台の上に置き、頭を下げ、手をそろえて黙禱する。

6

1～3歩下がり、遺族と神父（牧師）に向かって一礼し、席に戻る。

告別式なら

6 お別れ

7 挨拶など

8 出棺

仏式の場合、棺を霊柩車にのせて出棺、お別れ。喪主からの挨拶がある。遺族が一礼したら参列者も一礼。霊柩車にも頭を下げ、見えなくなるまで合掌する。すぐにお喋りを始めるのはNG！

通夜なら

6 通夜ぶるまいへ

仏式なら通夜ぶるまい、神式なら「直《なお》会《らい》」の席へ向かい、弔いのための食事をする(詳しくはP.234)。キリスト教は身内と牧師・神父でお茶を飲む。

社会勉強にもなる

受付などの手伝いは積極的に

新人は手伝いを頼まれることも多い

→ **自分から申し出て手伝う**と
好感度アップ

通夜・葬儀の手伝いは、弔いとはいえ普段とは違う社会経験を積めるチャンスでもあります。積極的に手を挙げ、先輩たちに教えてもらいながら手伝いましょう。

お悔やみでの係

香典を受け取る係

弔問客から差し出された香典を受け取り、
芳名帳の記入を促す。返礼品の引換券を渡す。

> 本日はお忙しい中をありがとうございます。
> お預かりいたします

芳名帳係

順番に名前と住所を書き込んでもらう。

> 恐れ入りますがお名前とご住所をお願いいたします

返礼品係

芳名帳の記入後、または焼香後返礼品を渡す。
焼香後に返礼品を渡す場合は、香典係が引換券を渡す。

> 本日はありがとうございます。
> こちらをお持ちください

ご案内係

動線に沿って受付から式場などへ案内する係。

> あちらへ
> お進みください

> 靴を脱いで
> お上がりください

会計係

香典係が受け取った香典を集めて整理する。衝立に隠れたり、背中を向けることが多い。絶対に無人にならないよう気をつける。

クローク係

荷物やコートを預かり、管理する。貴重品は預からないこと。

恐れ入りますが貴重品はお手元にお持ちください

CHECK 知らないと恥をかくかも！通夜・葬儀のお手伝いの心がけ

- 親族・関係者は深い悲しみの中にいることを忘れない
- 身内の方々は悲しみのさなかにある。大笑いしたり派手なふるまいは慎む
- 出しゃばらず、葬儀社などの指示通りに動こう
- 特定の人との連絡を任された場合などを除き、スマホや携帯電話の電源はオフにしておく
- 焼香は先に済ませる
- 通夜ぶるまいは遺族にすすめられたら。お弁当が用意されることもある

COLUMN 12

遺族の悲しみを思いやった行動を

通夜ぶるまいでのマナー

精進落としの意味もある通夜ぶるまいは、単なる食事の席とは違います。故人を偲ぶ場であり、遺族から参列者へのお礼、供養やお清めの意味もあるのでなるべく出席を。

通夜ぶるまいとは……

通夜のあとに弔問客にはお酒と食事がふるまわれる。宴会ではなく、お清めの意味があるので、少しでも参加して食事に箸をつけるのがマナー。土地によって風習が違うこともあるので、周りの様子を見て行動しよう。

CHECK 通夜ぶるまいでの行動に注意！

- **静かに話す**
  久しぶりに会う人もいるかもしれないが、騒がない！　特に声を上げて笑うのは絶対慎むこと。
- **話題は亡くなった人のこと**
  関係ない話や仕事の話は御法度。故人を偲び、思い出話をしよう。大きな声は出さないこと。
- **料理・お酒は口をつける**
  まったく食べないのも、お腹を満たすために食べるのもNG。お酒が苦手でも、故人を偲んで口だけでもつける。
- **30分ほどで退席する**
  飲み会ではないので、あまり長く腰を据えるのもマナー違反。久しぶりに会う人がいたら、場所を変えて。
- **写真を撮るのはNG**
  通夜・葬儀での撮影は「しない」と心得て。遺影などはもちろん、会場の様子などを撮るのも控えよう。

CHAPTER_13

お祝い・年末年始の挨拶・お見舞いのマナー

新人世代は結婚する同世代も多い。
社会人として身につけておきたいお祝いの
マナーと、節目のご挨拶とは？

招待状の返信とご祝儀のルール

新人は"ご祝儀貯金"もしたほうがいい!?

招待状を受け取ったら

1週間以内に返信を

予定が決まっているなら、なるべく早く返事を出そう。返事の締め切りに遅れると準備ができず、迷惑をかける。

「ご」「御」などの敬称を消す

自分への敬称の「ご」「御」、御芳名の「御芳」は二重線を引いて消す。宛名の「行」も消して「様」に。

余白にコメントを書き添える

お祝いの気持ちを書き添えるだけでなく、招いてもらった感謝のコメントも。具体的なコメントが喜ばれる。

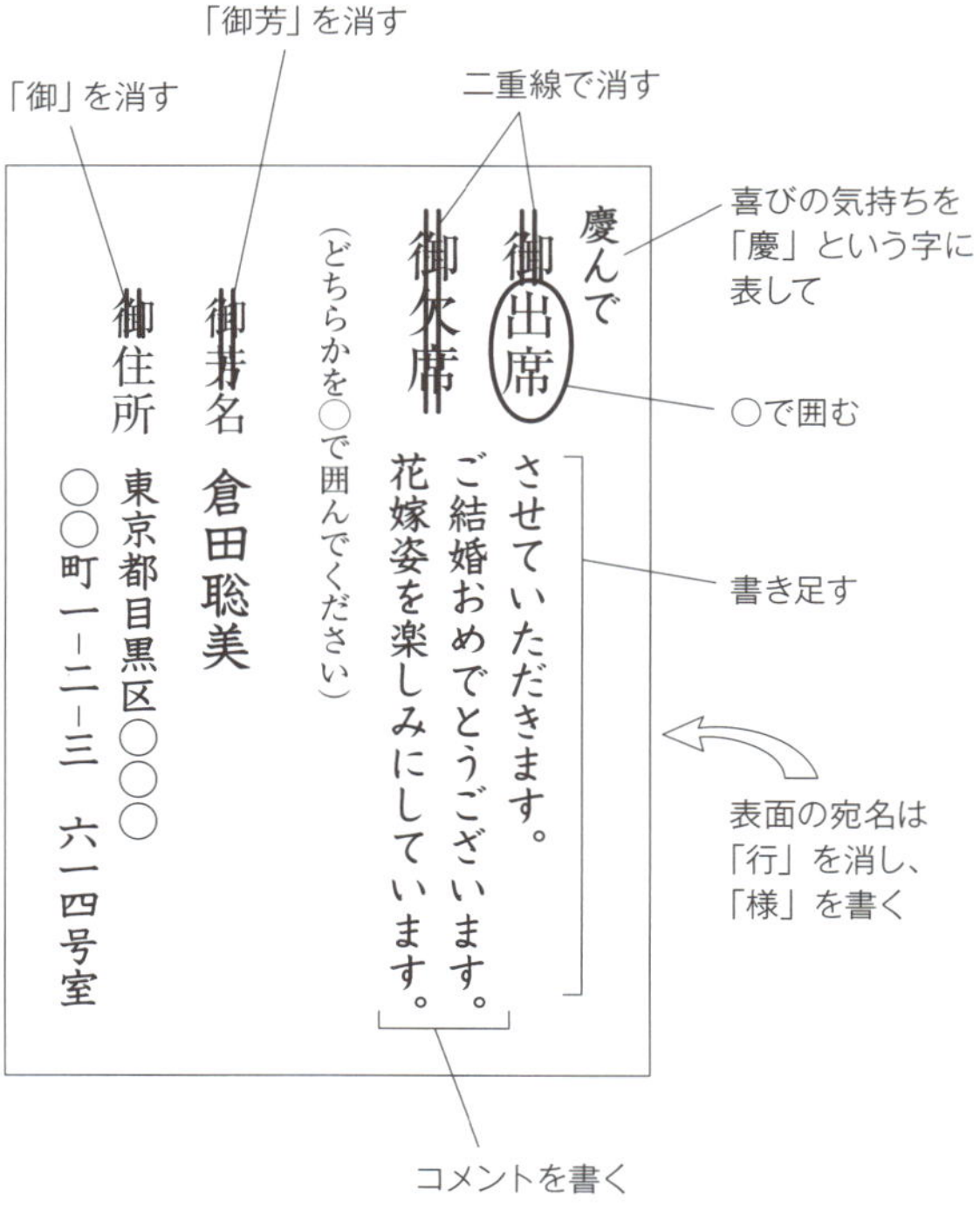
「御芳」を消す
「御」を消す
二重線で消す
喜びの気持ちを「慶」という字に表して
○で囲む
書き足す
表面の宛名は「行」を消し、「様」を書く
コメントを書く
慶んで
御出席させていただきます。
ご結婚おめでとうございます。
花嫁姿を楽しみにしています。
御欠席
(どちらかを○で囲んでください)
御芳名 倉田聡美
御住所 東京都目黒区○○○
○○町一-二-三 六一四号室

ご祝儀を包む

金額は自分の年齢や立場、相手との関係性によって決める。頻繁にあるとかなりの出費になるので、少しずつ貯めておくといざというとき困らない。

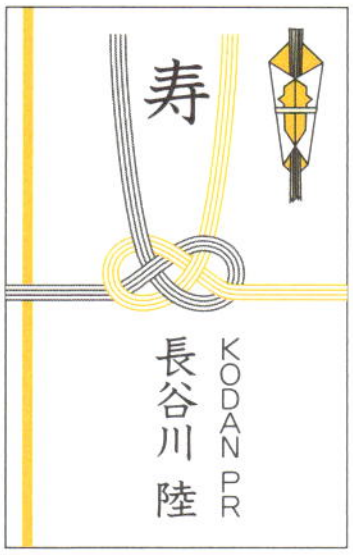

仕事上の関係なら名前の右肩に社名を（同じ会社なら不要）。祝儀袋は金額に応じたものを（袋に表記されていることも）。

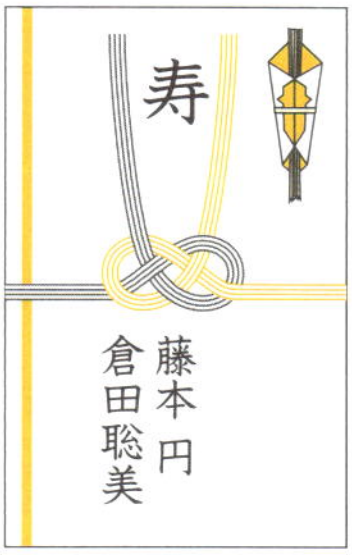

連名にする場合は、目上の人から順に中央から左にフルネームを書く。それぞれ直筆で書くほうが、心がこもった印象に。

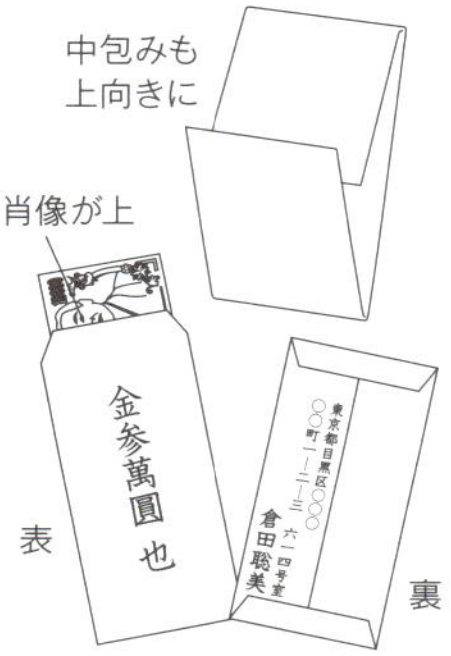

表には旧字で金額を「金〇萬圓也」と書く。裏には中包みだけになってもいいようにここにも住所とフルネームを書く。

20代のご祝儀の目安

同僚・上司 2万〜3万円 ※以前は割り切れる数字は避けたが、最近はOKな風潮に。

取引先 3万円　**友人** 3万円

CHECK 欠席する場合

早めに返信する

行けないことがすでにわかっているなら放置する理由はないはず。

コメントを添える　例 **「美しい花嫁姿を拝見できず残念ですが」「素敵なお式になりますように！」**

お祝いと、出席できなくて残念な気持ちを表すコメントを添える。

お祝いを送る

現金なら現金書留で。品物なら選べるギフトカタログがおすすめ。

祝電を打つ

式で読んでもらえるよう、心を込めた内容の祝電を打とう。

結婚式の**服装マナー**

主役カップルに祝意を示す

結婚式でおしゃれをするのは、
新郎新婦の**「特別な日」**を祝うため

POINT

華やかに着飾って
お祝いの気持ちを伝えよう

男性は格式を重んじて、
女性は会場を華やがせるつもりで装う

新郎新婦に祝意を示すと同時に、女性は明るく華やかに、男性は格式高い雰囲気にする存在を目指して。

式から招かれたなら
「準礼装」「略礼装」が目安

「披露宴だけ」と「結婚式から」では服装が異なる。式から招かれた場合は準礼装または略礼装を基準に。

あくまでも主役は新郎新婦

新婦とかぶる女性の白いドレスやティアラはNG。男性も白いタキシードや新郎より派手な服装は避ける。

**ふたりの特別な日のために
華やかに装うのもマナー**

結婚式に出席するために装うのは、自分のためではありません。新しい門出を迎えたふたりの「特別な日」だからおしゃれをするのです。場を華やがせたり、格式を感じさせたりするのは、新郎新婦とその家族のため。マナーにのっとって着飾りましょう。美容院代などもかかるので、やはり「ご祝儀貯金」は必要かもしれません。

準礼装 略礼装

結婚式の装い

女性

髪はきちんとセット
アクセサリーは色のないものがよい
昼の式なら肩を隠す
パーティ用のバッグ
肌色のストッキング
ヒール3cm以上のパンプス

NG

- ✕ 白い服
- ✕ 露出の多い服
- ✕ 毛皮、ヘビやワニ革など殺生をイメージさせるもの
- ✕ 足先が出るサンダル
- ✕ 素足、黒ストッキング

男性

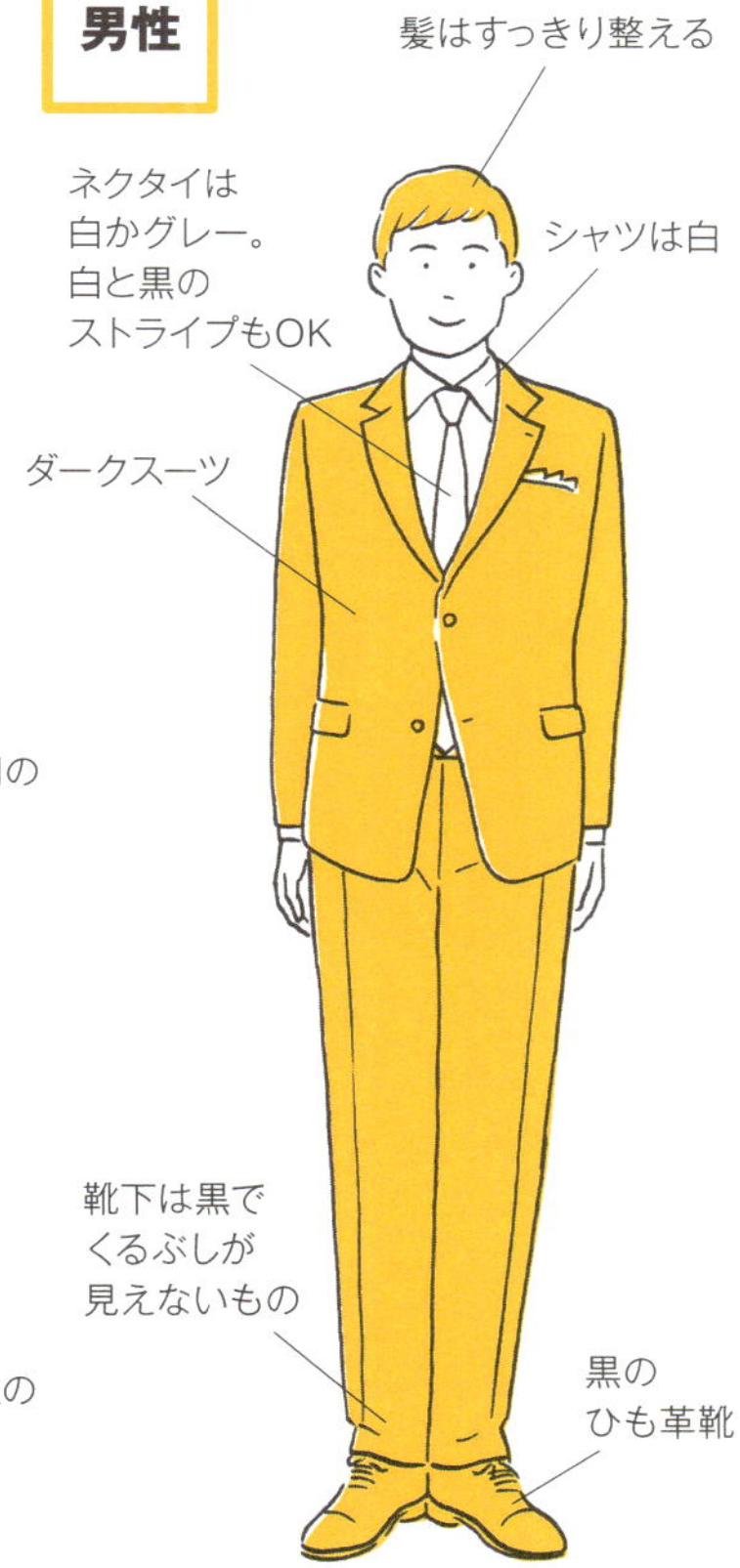

髪はすっきり整える
ネクタイは白かグレー。白と黒のストライプもOK
シャツは白
ダークスーツ
靴下は黒でくるぶしが見えないもの
黒のひも革靴

NG

- ✕ ビジネススーツ
- ✕ 新郎より派手
- ✕ ブーツ
- ✕ 黒地のネクタイ

結婚式でのふるまいとスピーチ

縁起のいい日に遅刻は厳禁！

結婚式当日のマナー

開始30分前には受付へ

招待状に書かれているのはスタート時間。30分前には受付に行けるよう、時間には余裕を持とう。

受付では「おめでとうございます」と一礼し、ご祝儀を渡す

ご祝儀はあれば袱紗で包む。たたんだ袱紗にのせ、受付側に向け、両手で持ってうやうやしく差し出す。

昔は袱紗ごと渡すのがマナーだったが最近は簡略化された。

携帯・スマホが鳴らないように設定する

写真を撮るために電源は切らなくてよいが、電話がかかってきたり、メールが頻繁に届いて鳴るようなことがないよう、マナーモードを含め、音が出ない設定にしておこう。

スピーチでは新郎新婦に「一生に一度」の言葉を

新人世代が結婚式で注意したいのは、はしゃぎすぎてしまうこと。スピーチや余興は仲間内だけでなく、家族を含め、会場にいるすべての人が笑える内容にしましょう。新郎新婦にとっては一生に一度の、思い出に残る会。そのひとコマに、いつもは言えない感謝の気持ちを伝えるのは、照れくさくても、「言ってよかった」と思うはず。

スピーチ・余興のマナー

スピーチの構成

全部で**3〜5分ほど**が目安

1. 新郎新婦に向けて挨拶
2. 親族に向けて挨拶
3. 簡単な自己紹介
4. 新郎新婦のエピソード
5. はなむけの言葉
6. 感謝の言葉・締めの挨拶

スピーチは自分がウケるためではなく、ほかの人が知らないようなエピソードを紹介する場。ぜひひとつはサプライズな言葉を用意して。最後は必ず感謝の言葉で締めること！

CHECK

スピーチのコツ

- ☑ ウケを狙って新郎新婦を貶めるネタはNG
- ☑ 人物にまつわるエピソードや武勇伝を楽しく話す
- ☑ 内容は新郎新婦と相談し、そこにサプライズを加えよう
- ☑ 締めの挨拶には、感謝の気持ちを込めよう
- ☑ 「切れる」などの忌み言葉や「重ねがさね」などの重ね言葉は使わない

POINT

余興のポイント

- 誰でもわかり、心から楽しめる内容にする
- 品位があり、ある程度の完成度を
- 音響などの協力が必要な場合は前もって係に相談
- どんなに長くても10分以内にまとめる

内輪ウケの余興は、ほかの人から見ると興ざめ。新郎新婦も楽しんでいるようで、出席者に気を遣ってしまう。

会場に合わせた服装を

やはりふたりの門出を華やかに

結婚式の二次会は……

- 式よりも装いがカジュアルダウン
- 会場や食事もややカジュアルに
- 同世代が多い

↓

POINT

新郎新婦にとって
「特別な日」には変わりありません

↓

マナーを守ってお祝いしよう

同世代が多いことで羽目を外しがちな二次会。新郎新婦の特別な日に品のないふるまいはNG。社会人らしい行動を心がけよう。

二次会だって一生に一度。思い出に残る会に

結婚式や披露宴に比べ、ぐんとカジュアルに。メンバーも新郎新婦と同世代が多いので盛り上がります。だからといって、無礼講ではありません。やはり「特別な日」をＴＰＯに合わせた装いで飾り、ふたりの思い出が美しいものになるようにふるまいましょう。「平服」も普段着ではなく、やはりお祝いの気持ちを服装で示します。

二次会の装い

会場の格式に合わせる

ホテル 格式のあるホテルでの二次会は、式と同等のドレスコード。男性はダークスーツ、女性は華やかなドレスで着飾って。

高級レストラン 男性は少なくともネクタイを着用。ちょっと華やかなシャツもOK。女性はほぼフォーマル。着物も◎。

カジュアルレストラン **居酒屋**

おしゃれな居酒屋やカラオケ、ライブハウスなどでのパーティでは、男性はジャケット着用、女性はよそいきのワンピースなどで華やかに装う。

結婚式のNGは二次会でもNG

行動や服装のNGマナーについては、式でも二次会でも変わらないと考えて。新郎新婦のことを考えて、白いドレスやタキシードは着るべきではない。

例 白い服、
足先が出た靴

「平服で」といわれても華やかに

招待状に「平服でお越しください」と書かれていても、本当に普段着で出席する人はいない。特別な日らしく、少し華やかにするのはマナー。

POINT **会費は祝儀袋に入れなくてOK**

二次会の受付で支払う会費は、祝儀袋に入れず、財布から直接支払っていい。お釣りが必要ないよう用意。

誰に見られているかわからない

ビジネスパーティでのマナーと社交

ビジネスパーティに招かれたら

ビジネスパーティは仕事の場。会社の代表として、きちんとしたビジネススーツで行けば問題ないが、ドレスコードがある場合はそれにのっとりましょう。

装い

ビジネススーツでOKだが、会場の格式に応じて

仕事で来ているのだから、きちんとしたビジネススーツを。着飾りすぎるのは「何のために？」という印象にも。

ご祝儀

会費がない場合は上司・先輩に相談を

会費制のことがほとんど。会費がない場合、お祝いの品やお金を持っていくかどうかは、上司や先輩に相談を。

言葉

お祝い＋招かれたお礼を

関係者に会ったら、まずは「おめでとうございます」とお祝いを。さらに招かれた感謝と嬉しい気持ちを伝える。

会社のパーティは人脈作りにもつながる

ビジネスパーティは、取引先の周年や完成披露などさまざまなお祝いのために開かれるもの。主催者は日頃の感謝を伝えたい、新しい情報を伝えたいなどといった意味で招待をしてくれています。いつもは出会えないような人と出会えたり、社会勉強の場にもなるはずです。ただし、ガツガツしすぎるふるまいは控えましょう。

パーティ上手になるために

スピーチをしっかり聞く

近くの人とのおしゃべりがどんなに盛り上がっていても、スピーチが始まったら、おへそから体をそちらに向け、話に耳を傾けて。

会社の代表として社交する

会社の一員として招かれているのだから、個人ではなく、会社を代表する立場としての会話をする。自分のことばかり話さないこと。

スタッフにも丁寧に接する

関係者も多く出席しているパーティでは、気を抜かず品よくふるまおう。スタッフに横柄な態度をとったりしては信頼が揺らぐことも。

新人がやりがちな

NG行動

× ごちそうに夢中になってガツガツ食べる

普段は食べられないごちそうがあっても、ここでは控えめに。空腹ならパーティの前に軽く食事をとっておく。

× ここぞとばかりに名刺を配る

人脈を広げようとむやみに名刺を配ったり、営業するのはマナー違反。スマートな態度と会話を心がけよう。

× 誰とも話さないか、特定の人とばかり話す

せっかく招かれたのに自社の人とべったり、もしくは壁の花になるのも主催者に気を遣わせることに。

年末には感謝を、年始にはやる気を

いつもより厳かに挨拶する

入社以来お世話になった人に感謝を伝える

4月に入社し、ようやくホッとする年末年始。激動の9ヵ月間を振り返ると同時に、社内外でお世話になった人にしっかりとした挨拶をしたいものです。また、年末年始にゆっくり休んだあとは、「ますます張り切って頑張ります」という気持ちを伝えます。年始の挨拶はなるべく早く、いきいきとした表情でするのがポイントです。

年末の挨拶

社外　「本年も大変お世話になりました」

- **営業なら粗品などを持って挨拶回り**
  12月に入ったら年末の挨拶回り。特に営業はお客様を回り、今年の感謝の気持ちを伝える。
- **内勤や会えない場合はメールでご挨拶**
  内勤ならメールで「今年もお世話になりました」のメッセージを送る。最終出社日でOK。

社内　「本年はご指導ありがとうございました」

- **入社以来の指導に感謝を**
  1年目はたくさんの人に支えられて過ごしたはず。いいチャンスなので、それぞれの人にお礼を言いに行こう。

年始の挨拶

POINT **仕事始めはいつもより格式高い服装で出社しよう**

社外 「あけましておめでとうございます。
本年もどうぞよろしくお願いいたします」

- **営業なら挨拶回りをする**
  年末と同様、挨拶回りがある。取引先にも新年から張り切っている気持ちを伝えて。

- **来社された場合は立ち上がって改まった挨拶を**
  いつもよりややかしこまった雰囲気で、しっかり頭を下げて新年の挨拶をしよう。

- **ちょっとしたメールにも挨拶を書き添えよう**
  せっかくの新年、相手との距離を縮め、プライベートなひと言を添えるいい機会です。

社内 「あけましておめでとうございます。今年も
頑張りますので、どうぞよろしくお願いいたします！」

- **出社してきた先輩一人ひとりに挨拶する**
  できるだけ新年は一番のりで。先輩に明るく元気に挨拶できるようにしておきたい。

- **特にお世話になった上司には挨拶に出向く**
  お世話になった上司や人事担当者、OJT担当者には、できるだけ早く自分から出向いて挨拶を。

年賀状はどうする？

- **取引先への年賀状は部署の慣例で**
  会社からの年賀状を出すかどうかは部署の慣例に従い、印刷されたものに添え書きと署名をする。

- **個人的には、お世話になった先輩や上司に送ろう**
  お世話になったと思う人には年賀状で気持ちを伝えたい。感謝の気持ちと、目標などを書くのもおすすめ。

相手の状況を想像する

よかれと思ったことが迷惑な場合も

お見舞いには来てほしい人と、来てほしくない人がいます

本人または家族に単刀直入に尋ねてOK。「遠慮しないで」と無理やりお見舞いに行くのもマナー違反です。

行く場合

- **前もって連絡をとる**
  最近はお見舞いもアポをとるのがベター。準備ができ、検査などが入りにくい時間に調整できる。
- **必要なものを聞いて持っていく**
  必要なものを聞くか、現金がベスト。「使ってほしい」「食べてほしい」と好みを押しつけるのはNG。

行かない場合

- **お見舞いを行く人に託す**
  連絡の係になってお見舞いに行く人が決まるはず。お見舞い金は部署でまとめて託すのがいい。
- **退院後、食事などに誘う**
  「元気になったらお食事に行きましょう」などの言葉も嬉しいもの。適度な時期に実行しよう。

現金を包む場合は部署で相談して金額を決めよう。

お見舞いの NG行動

✕「根づく」につながる鉢植えを贈る
✕ケガ以外の場合は食べ物に注意
✕状況がわからない「がんばって」の言葉

病状によって必要なもの、ほしいものが違うので、やはり聞くのが一番。「がんばって」より「できることがあったらお手伝いを」のほうが正解。

CHAPTER_14

自分自身を高めよう

忙しい毎日でも、うまく時間を作れば
少しずつでも成長できる。
入社時の志を忘れず、目標に向かって！

CHAPTER_14

自分を高める❶

どんなに忙しくても忘れてはダメ

目標を掲げ、達成できているか

入社してからを振り返り、未来を考える時間を作る

入社してから仕事をたくさん覚え、できることが増えた分、比例して忙しくなっていきます。毎日が猛スピードで過ぎていきますが、入社のときに掲げた志や目標を忘れ、ただ仕事を片づけていませんか？　節目節目にはこれまでを振り返り、これからを考える時間を意識して設けて、感謝の気持ちを忘れずに成長していきましょう。

入社時に掲げた目標を覚えていますか？

どちらも「心をなくす」という意味

忙しさに流されて目標や志を忘れないように

1年で何ができるようになった?
振り返って、感謝を伝える

1年目の終わりに、新入社員時代を振り返ってみましょう。自分の成長を実感し、お世話になった人たちへの感謝の気持ちが自然に湧いてくるはず。

自分に

自分の成長を実感し、次の目標ややりがいにつなげる

何ができるようになったかリストアップしてみると、成長がよくわかる。1ヵ月、半年単位でやってみるのもおすすめ。

人事担当者、OJT担当者に

ちゃんと育っていることを報告し、感謝を伝える

社会人としての基礎を教えてくれたところ。特に人事関係者は「ちゃんと育っているかな?」と心配しているので報告を。

上司に

成長していることとOJTへの感謝を伝える

実際の職場で指導してくれた上司にもお礼を。「OJTがしてくれたこと」への感謝を共通の上司に伝えるのも◎。

自分の**成長**のために一日10分でも

小さな積み重ねが大きく実る

24時間仕事のことを考える必要はないが……

自分のための勉強は**少しずつでも続けたい**

例
- **通勤電車で英語のリスニング力を鍛える**
- **マーケティングに関する本を月に1冊以上読む**
- **毎朝30分資格の勉強をする**
- **社会人向けの大学へ通う　など**

↓

仕事でもプライベートでも、**続ける**ことで必ず**結果**が出る！

ほんの少しの積み重ねが大きな成長につながる

週末2日間の休みのうちの1時間を勉強にあてるかあてないかで、1年で約50時間の違いが出ます。これは資格試験の準備としても十分な時間です。週末でなくても、通勤時間の10分だけ本を読む、勉強会に参加するなど、自分のライフスタイルに合った成長のしかたが必ずあります。やるかやらないか、それだけなのです。

今は白紙だけれど
少しずつでも色を塗っていこう！

CHECK 休日の過ごし方でも差がつく

☑ 規則正しい生活を崩さない（昼寝はOK。疲れはしっかりとろう）

睡眠をとるのは大切だが、人の体は寝だめできない。なるべくいつも通りに起き、どうしても眠ければ昼寝を。

☑ 自分に合わせた時間の作り方で勉強する

毎日10分、2日で1時間、週末に……時間の作り方は自分次第。生活サイクルに合わせて、まずは始めてみよう。

☑ 刺激をくれる人に会う、場所へ行く

初対面の人や初めての場所は脳に刺激を与えてくれる。交流会などに参加したり、外に出よう（詳しくはP.254）。

深い人脈を作り、自分を刺激しよう

少しずつでもネットワークを広げて

持っている名刺の数＝ネットワークでは**ありません**

「何か得よう」とばかり、かき集めた名刺は浅い人間関係。
少なくても深くつき合える人脈を作るのが大切です。

出会った人、一人ひとりに
興味を持ち、向き合うこと

↓

この積み重ねによって
自分らしい人脈になっていく

POINT

「ただ人脈を広げたい」「ビジネスにつなげたい」という前のめりな気持ちは、必ず相手にも伝わってしまう。

お互いに興味を持って長くつき合える人脈を

いくら名刺をたくさんもらっていても、ＳＮＳのフォロワーが多くても、顔も覚えていないようなつき合いでは意味がありません。一人ひとりとしっかり向き合おうとすれば、そんなにたくさんの人と交流するのは無理なはずです。自分らしい深い人脈を作ると同時に、自分も他人から興味を持ってもらえるような人になりましょう。

新しい体験が脳を刺激する

人と出会い、知らなかったことを知り、初めての場所へ行ったとき……脳は刺激を受けて活性化するという。たくさん脳に刺激を与えるため、あちこちに出かけて楽しみましょう！

初対面の人と話す

知らない場所へ行く、景色を見る

わからないことがあったら質問する

脳の活性化につながる

（→ 新しい人、モノと出合い続けると若々しくいられるという説も）

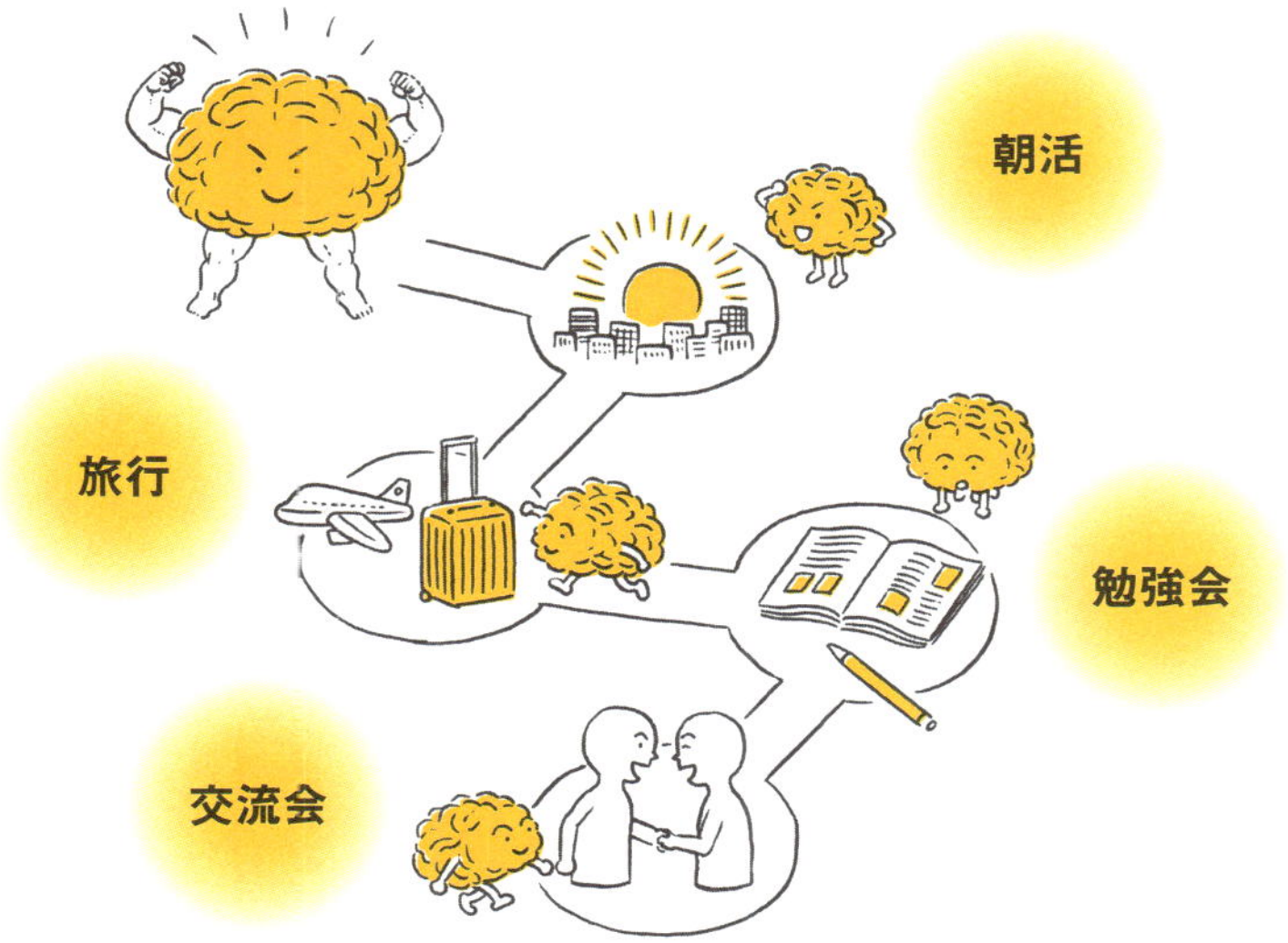

いろいろな場所に出かけ、
いろいろな人に出会って、
刺激を受けましょう

北條久美子（ほうじょう・くみこ）

東京外国語大学を卒業後、研修講師等を経て、2007年からエイベックス・グループ・ホールディングス株式会社人事部にて人材育成に携わる。2010年にキャリアカウンセラー資格を取得し独立。一般企業や行政機関、大学などで年間約2500人にマナーやコミュニケーション、キャリアのセミナーを行っている。マナーの一般常識だけでなく、スマートフォンやSNSなどの最新事情を含めたビジネスマナーにも詳しい。「愛される社会人になる」「その人にとってベストな方法でキャリアを積む」ためのわかりやすいレクチャーが人気を博している。日本メンタルヘルス協会認定心理カウンセラー資格も持ち、多方面で活躍中。

構成　北條芽以
イラスト　白井 匠
装丁　村沢尚美（NAOMI DESIGN AGENCY）
本文デザイン　片柳綾子、原 由香里、田畑知香（DNPメディア・アート OSC）

講談社の実用BOOK
図解《ずかい》 仕事《しごと》の基本《きほん》 社会人《しゃかいじん》1年生大全《ねんせいたいぜん》
2018年 3月20日　第 1 刷発行
2024年11月20日　第11刷発行

著者　北條《ほうじょう》久美子《くみこ》

KODANSHA

発行者　篠木和久
発行所　株式会社 講談社
〒112-8001　東京都文京区音羽2-12-21
編集　☎03-5395-3560
販売　☎03-5395-5817
業務　☎03-5395-3615

印刷所　大日本印刷株式会社
製本所　株式会社国宝社

ISBN978-4-06-220989-2